PAULO DE PAULA
AUTOR DO BEST-SELLER *EU SOU, EU POSSO!*

DIAMANTES INVISÍVEIS

CARO(A) LEITOR(A),
Queremos saber sua opinião sobre nossos livros.
Após a leitura, curta-nos no **facebook.com/editoragentebr**,
siga-nos no Twitter **@EditoraGente**, no Instagram **@editoragente**
e visite-nos no site **www.editoragente.com.br**.
Cadastre-se e contribua com sugestões, críticas ou elogios.

PAULO DE PAULA
AUTOR DO BEST-SELLER *EU SOU, EU POSSO!*

DIAMANTES INVISÍVEIS

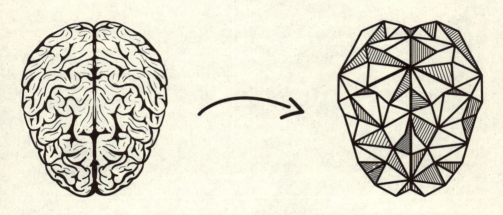

LAPIDE SEUS SENTIMENTOS. USE A NEUROPLASTICIDADE!

Organizado por Iveraldo Guimarães

Diretora
Rosely Boschini

Gerente Editorial Sênior
Rosângela de Araujo Pinheiro Barbosa

Editora Júnior
Rafaella Carrilho

Assistente Editorial
Tamiris Sene

Produção Gráfica
Fábio Esteves

Preparação
Adriane Gozzo

Capa
Senhor Flor Studio

Projeto Gráfico e Diagramação
Plinio Ricca

Revisão
Andrea Bruno
Thiago Fraga

Impressão
Edições Loyola

Copyright © 2022 by **Paulo de Paula**
Todos os direitos desta edição são reservados à Editora Gente.
Rua Natingui, 379 – Vila Madalena
São Paulo, SP – CEP 05443-000
Telefone: (11) 3670-2500
Site: www.editoragente.com.br
E-mail: gente@editoragente.com.br

Dados Internacionais de Catalogação na Publicação (CIP)
Angélica Ilacqua CRB-8/7057

Paula, Paulo de
Diamantes invisíveis : lapide seus sentimentos. Use a neuroplasticidade! / Paulo de Paula. -- São Paulo : Editora Gente, 2022.
224 p.

ISBN 978-65-5544-238-0

1. Desenvolvimento pessoal 2. Emoções 3. Neuroplasticidade
I. Título

22-3145 CDD 158.1

Índice para catálogo sistemático:
1. Desenvolvimento pessoal

NOTA DA PUBLISHER

Quem nunca se sentiu deslocado ou fora de contexto em algum ambiente? Quem nunca sentiu que foi deixado de lado ou menos priorizado por alguém? Ou então tomou atitudes pensando apenas em seu próprio benefício e acabou criando um movimento negativo por consequência? Diante de tudo isso, como não indagar *O que há de errado comigo? Por que eu não consigo ser feliz?*

A felicidade é um sentimento que todos desejamos alcançar, mas que ninguém pode nos dar a não ser nós mesmos. Nessa busca, tropeçamos em nossas próprias atitudes, emoções e sentimentos que, muitas vezes, parecem ir na direção contrária do que desejamos para a nossa vida.

Para nos ensinar como alcançar um pensamento mais alegre e, por consequência, construir uma vida mais feliz, Paulo de Paula nos presenteia com este livro que visa nos guiar pela desconstrução desse ciclo de angústia para que, enfim, possamos trilhar o caminho que desejamos, com maior prosperidade e clareza.

Estudioso assíduo, empresário de sucesso e comprometido com a educação do país, Paulo fez uma extensa pesquisa sobre os sentimentos humanos e como podemos transformá-los. Nestas páginas, você vai aprender diversas ferramentas para acabar com esse sentimento ruim e começar a viver verdadeiramente confiante de quem você é e de seu poder neste mundo.

Está na hora de dar forma aos diamantes invisíveis que existem dentro de você!

Uma ótima leitura,

**Rosely Boschini – CEO e
Publisher da Editora Gente**

*O amor é o mais forte
dos sentimentos, porque utiliza
ao mesmo tempo a cabeça,
o coração e as mãos.*

**Voltaire (François-Marie Arouet), 1694-1778,
filósofo iluminista francês**

AGRADECIMENTOS

Para escrever este livro contamos com a colaboração inestimável de amigos que leram os originais e os enriqueceram com sugestões, incentivos e sinergia.

Expresso minha perene gratidão a Zélia de Paula, minha esposa, pelo contínuo incentivo e por suas valiosas sugestões, que deram facetas brilhantes em sua lapidação final; a Jomar Morais, pelo dedicado esforço em ler e reler os textos originais, dando-lhes mais clareza e concisão com suas contribuições na elaboração dos capítulos.

Igualmente, é com genuína e profunda gratidão que expresso meus agradecimentos pelos inestimáveis subsídios de muitos outros amigos. E tão importantes foram suas participações na feitura deste livro que os considero como seus coautores, todos elencados a seguir:

ABÍLIO LOPES DE ALMEIDA JÚNIOR • ADRIANA VASCONCELOS DE PAULA E SILVA • AILSON ROSA SOARES E SILVA • AILSON ROSA SOARES E SILVA SEGUNDO • ALEX SANDRO DE BRITO GALVÃO • ALEXANDRE DE PAULA ALVARENGA LIMA • ALUÍSIO ALVES NETO • AMANDA SANTOS DE PAULA • ANA AMÉLIA AGRA LOPES • ANA AUGUSTA CANSANÇÃO DE PAULA BRITO • ANA CRISTINA CANETTIERI • ANA ELIZA CANSANÇÃO DE PAULA MELO • ANA PAULA CANSANÇÃO DE PAULA LIMA • ANDRÉ CURE DE CARVALHO AGRELLI • ANDRE DE SOUZA DANTAS ELALI

• ANDRÉ LUIZ ESTEVES VASCONCELOS • ANNA THEREZA DE MEDEIROS MIRANDA • ANTONIO AUGUSTO AMARAL DE CARVALHO FILHO • ANTÔNIO BARBOSA DA SILVA • ANTÔNIO GENTIL DE SOUZA • ANTÔNIO GUILHERME TELES RIBEIRO • ANTONIO MILTON SILVEIRA • ANTONIO PAULO COUCEIRO SIQUEIRA MENDES • ANTONIO RICIERI BIASUS • ARISTEU MARTINS JÚNIOR • ARTUR MACHADO DO MONTE • ARTURO SILVEIRA DIAS DE ARRUDA CÂMARA • AURELIANO CLEMENTINO DE MEDEIROS NETTO • AURINETE LINO DE BRITO • BEATRIZ DE SOUZA RODRIGUES • BEATRIZ SANTOS DE PAULA • BERNARDO MIRANDA DOS SANTOS LIMA • BERNARDO PEDRO MOREIRA SIMÕES DIAS • BRUNO FERRARE DE ASSIS OLIVEIRA • CARLOS EDUARDO DA COSTA ALMEIDA • CARLOS EDUARDO DE MEDEIROS TINOCO • CARLOS JOSÉ SILVEIRA DE PAULA • CARLOS KELSEN TEIXEIRA • CARLOS VASCONCELOS DE PAULA • CARMEM SAMPAIO CATELINO • CÉLIA MONTEIRO BEZERRA DE MELO • CELSO GOLDEMBERG • CLAIR PINHEIRO FEIJÓ • CLARISSA MARIA DE LYRA ALVES • CLÁUDIA FELINTO DE CARVALHO GALINDO • CLÁUDIO WILLIAMS AVELINO DE MEDEIROS • CRISTIAN FAUSTINO • DALTON MELO DE ANDRADE • DANIELA SAMPAIO CATELINO • DANIELE MONTE RIBEIRO • DANIELLY VALE PENNA LIMA • DANILO NOGUEIRA MAGALHÃES • DANTE LACOVONE • DEBORAH CHRISTINA DE MEDEIROS MIRANDA • DÊNISON DA MATA ALVES DE OLIVEIRA • DICKSON MARTINS DA FONSECA • DINO BOMBANA • DORIÉLIO BARRETO DA COSTA • EDNA MARIA FERNANDES MARTINS • EDSON FAUSTINO • EDUARDO BENEVIDES DE OLIVEIRA • EDUARDO DE ARAÚJO BEZERRA • EDUARDO SERRANO DA ROCHA • ELIANA FERREIRA DE LIMA

AGRADECIMENTOS 11

• ELIZABETE FLORENTINO GABRIEL DE ALMEIDA • FABIANO ANDRÉ DA SILVA VERAS • FÁBIO BARRETO VIANNA DE ANDREA FIGUEIREDO • FÁBIO FERREIRA DE SOUZA ABBOTT GALVÃO • FÁBIO SAMPAIO CATELINO • FAUSTA VASCONCELOS DE PAULA • FELIPE CATALÃO MAIA • FLÁVIA LÚCIA TEIXEIRA SIMINÉIA • FLÁVIA MARIA COSTA BORDOGNA • FLÁVIO CARDOSO DO MONTE • FLÁVIO FERREIRA DE SOUZA FREITAS • FRANCIELVIS PINTO MARTINS • FRANCISCO CANINDÉ DANTAS • FRANCISCO DE ASSIS BORGES CATELINO • GABRIEL RIBEIRO • GECI SILVEIRA DE PAULA • GETÚLIO PEREIRA MADRUGA • GLAUBER GENTIL • GOTARDO DA FONSECA E SILVA • HELENA MARTINS SANTOS • HILNETH MARIA CORREIA SANTOS • HUGO IVAN BUENO TORRES • HUGO PINTO • IASMIN MESQUITA ARAÚO DE PAULA ALVARENGA • IGOR MEDEIROS DE MELO • INGRID DE MEDEIROS TINÔCO • ISA DANTAS • JAN BERTIL HENRIK VON BAHR • JANAÍNA APARECIDA DA SILVA • JÉSSICA DE ARAÚJO BATISTA COSTA • JOANA D'ARC LOPES • JOÃO BATISTA MACHADO BARBOSA • JOÃO BOSCO DE OLIVEIRA • JOÃO FERREIRA DA SILVA ALVES • JOÃO MARCELO MIRANDA PAIVA • JOAZ OLIVEIRA MENDES DA SILVA • JOENILSON SILVA • JORGE EDUARDO DE CARVALHO BEZERRA • JOSÉ ANTONIO SANCHEZ SANTAMARIA • JOSÉ CORDEIRO DE LUCENA NETO • JOSÉ DANTAS LIRA JÚNIOR • JOSÉ EUGÊNIO BARRETO • JOSÉ IVERALDO GUIMARÃES • JOSÉ MARIA VILAR • JULIANA GOMES FLOR ELALI • JULIANO FERNANDES MARTINS • JULISKA AZEVEDO B. DA COSTA • LARISSA LUANA GALVÃO MARINHO ARRUDA CÂMARA • LARISSA MORAIS DA COSTA • LÚCIO TEIXEIRA DOS SANTOS • LUIGI CARLO PAOLO LEPORI • LUIZ ALBERTO BORGES FORTES DE ATHAYDE BOHER • LUIZ ALBERTO FERREIRA MUNIZ

• LUIZ BARBOSA FIUZA • LUIZ PAULO VENDRAMINI • MANOEL DIAS XIMENES NETO • MARCELLA DE MEDEIROS MIRANDA DO MONTE • MARCELO ALVES DIAS DE SOUZA • MARCELO FERNANDES DE QUEIROZ • MARCELO GUEDES MIRANDA • MARCELO HENRIQUE ALBUQUERQUE DE FREITAS • MARCELO ROBERTO RIBEIRO DE CARVALHO • MARIA APARECIDA DE PAULA • MARIA BRÍGIDA DE SOUSA • MARIA DA CONCEIÇÃO PRAXEDES DE ARAÚJO • MARIA DAS GRAÇAS ARAÚJO • MARIA DE NAZARÉ CAMPOS AMUD • MARIA HELENA VIEIRA DE MELO • MARIA JULIANA MESQUITA ARAÚJO DE PAULA • MARIA LÚCIA LEANDRO PEREIRA • MARIA THEREZA MIRANDA PAIVA • MARIANA MESQUITA ARAÚJO DE PAULA ALVARENGA • MARÍLIA DE VASCONCELOS SÁ • MARÍLIA MARQUES FERREIRA DE MELO BEZERRA • MARILISE SILVEIRA DE PAULA • MÁRIO CORREIA DANTAS DE CARVALHO • MÁRIO DANTAS DE CARVALHO • MARISA MEDEIROS DA NÓBREGA • MARIVAL ROSA DA CRUZ • MARTA MOREIRA DIAS • MATEUS GAGLIANO BULHÕES • MAURO HENRIQUE DE MELO ARAÚJO • MAX ANDER ANDERSON PINHEIRO DE ANDRADE • MIZAEL ARAÚJO BARRETO • MÔNICA M. FUKUYA DE CARVALHO • MÔNICA MARIA RAMOS GUIMARÃES DE OLIVEIRA • NAIR CRISTINA PEREIRA MARTINS • NÉLSON WELLINGTON LEIROS • NEWTON MAIA SALOMÃO ALVES • ODETE MARIA DE MEDEIROS GUERRA • OLENKA MARIA BEZERRA BARREIRA • OLGA MARIA ALVES LEIROS • PAULO CÉSAR TÁVORA GALINDO • PAULO IVAN VADAS • PEDRO DE OLIVEIRA CAVALCANTI FILHO • PEDRO HENRIQUE JEREMIAS ALVES • PEDRO SIMÕES DIAS • PRICILA CATIÚCE NUNES PESSOA TINÔCO • RAFAEL MONTE JACINTO • RAISSA ARAÚJO GODOI

AGRADECIMENTOS 13

• RAPHAEL DOS ANJOS LINHARES DE OLIVEIRA • RAPHAELA DE MEDEIROS MIRANDA DOS ANJOS • RAQUEL COSTA DE AZEVEDO SANTOS • RAULINO TRAMONTIN • REGINA APOLIANA COSTA DE AZEVEDO CHIANCA • REGINA LÚCIA FREIRE DE OLIVEIRA • REJANE CRISTINA LOPES DE OLIVEIRA DE PAULA • RENATA GUERRA BARROS • RENATO BEZERRA ROSADO CASCUDO • RINO EUGÊNIO BORDOGNA • RUBENS DE CARVALHO BARROS JÚNIOR • RUI OLIVEIRA • SEBASTIÃO DOMINGUES XIMENES • SEBASTIÃO DOMINGUEZ NETO • SÉRGIO HENRIQUE GUIMARÃES DE PAULA • SÉRGIO PEREIRA GASPAR • SEVERINO ROBERTO DO NASCIMENTO DE BRITO • SOVÂNIA LYRA DO MONTE • THIAGO CAVANCANTI DE SOUSA • VALÉRIA CAVALCANTE • VALQUÍRIA FERNANDES DE SOUZA PINHEIRO • VANESSA SANTOS DE PAULA • VICTOR CARDOSO DE ALMEIDA • WALTER GODEIRO • WELLINGTON CAMPOS BARROS • WILSON SILVA FILHO • YSNARA ALMEIDA PINTO • ZÉLIA MADRUGA

SUMÁRIO

Apresentação 16

Capítulo 1
Os sentimentos de rejeição e de não pertencimento..................... 24

Capítulo 2
O sentimento de impotência 52

Capítulo 3
O sentimento do egoísmo 70

Capítulo 4
A função mental do hábito.................. 96

Capítulo 5
O sentimento de generosidade.................. 116

Capítulo 6
O sentimento de gratidão..................128

Capítulo 7
Como ver a coisa pronta 144

Breves palavras a você, meu prezado leitor e leitora..................172

Notas 184

APRESENTAÇÃO

Em 2020, publicamos nosso primeiro livro, *Eu sou, eu posso!*[1] Nele, eu, Paulo, conto minha trajetória de descobertas sobre a mente e o autoconhecimento.

Após um trauma na infância, cujos efeitos psicológicos me atormentaram por muito tempo, decidi me dedicar aos estudos das ciências da mente por meio de ensinamentos orientais milenares, pesquisas da neurociência e fundamentos da física quântica.

Eu sou, eu posso! apresenta ao leitor os estudos e as teorias que me permitiram descobrir o poder que os pensamentos têm de mudar a realidade das coisas e – na busca por um anticódigo para superar sofrimentos psíquicos – como vibrações positivas (o amor e a gratidão, por exemplo) podem vencer vibrações negativas (o egoísmo, a culpa, o medo limitante, entre outras).

De todo esse processo de autodesenvolvimento, um dos principais ensinamentos adquiridos e adotados foi: apesar de haver uma mente inconsciente que controla nossa vida, tudo aquilo que já foi programado pode, SIM, ser desprogramado e reprogramado. Essa descoberta me permitiu combater meus demônios quando

---

[1] DE PAULA, P.; GUIMARÃES, I. (org.). ***Eu sou, eu posso!*** A impressionante jornada ao universo da mente por meio das variáveis determinantes. São Paulo: Gente, 2020.

passei a criar novos hábitos, os quais me possibilitaram me libertar e conquistar autoconhecimento, realização e sucesso.

Após o lançamento de nosso primeiro livro, recebemos inúmeras mensagens de leitores com comentários e sugestões. Entre elas, foi recorrente a ideia de que poderíamos, em uma publicação futura, aprofundar os conceitos de sentimentos e funções mentais considerados variáveis determinantes da vida, além de outros a eles associados, até mesmo os que não constavam em nossa primeira obra.

Aceitamos o desafio e dele nasce, agora, *Diamantes invisíveis*. Selecionamos para esta obra quatro sentimentos de conotação negativa: **rejeição**, **não pertencimento**, **impotência** e **egoísmo**. Em seguida, dissecamos a **função mental do hábito** para, então, apresentarmos dois sentimentos de caráter positivo: **generosidade** e **gratidão**. Por último, mostramos como utilizá-los para criar **hábitos transformadores** e conseguir **ver a coisa pronta** (profecia autorrealizável) e a **cronicidade** dessa transformação.

Nossas reflexões sobre as funções contempladas são feitas à luz de conhecimentos científicos recentes e de conhecimentos filosóficos que remontam a milhares de anos. Adiantamos que, em torno das citadas funções, também volteiam outros sentimentos inerentes à condição humana a elas naturalmente conectadas, como a

culpa, a **baixa autoestima**, o **amor**, o **perdão**, a **empatia**, a **aceitação** e a **compaixão**.

O aprofundamento dos conceitos dessas funções tem a finalidade de proporcionar a você, leitor, um conhecimento mais abalizado de suas origens históricas e bioquímicas, além de mostrar que a expressão dos sentimentos positivos é um poderoso gatilho para acionar, com mais rapidez, as sensações de prazer, alegria e felicidade. E, por falar em alegria e felicidade, farei agora a distinção entre essas duas funções psíquicas, protagonistas de nossas considerações, uma vez que ambas costumam ser consideradas sensações idênticas – porém não o são.

A alegria é um tipo de **emoção**. Trata-se de um **estado psíquico passageiro**, uma resposta a um estímulo externo, uma sensação que vem de fora para dentro e toma conta de nossa mente; é similar, por exemplo, a como acessamos à raiva. A felicidade, por outro lado, é um tipo de **sentimento**, e sua qualidade essencial é ser um **estado psíquico duradouro**, uma extensão de um pensamento. Surge, portanto, de dentro de nós e emana para fora do nosso *eu*, como os sentimentos de gratidão, amor e ódio.

Durante a leitura deste livro, você descobrirá que ser feliz e próspero é um propósito humano essencial, consolidado quando se aprende os fundamentos para reconhecer sentimentos negativos e, assim, ressignificá-los.

Esse reconhecimento custa muito a ser feito, apesar de, no íntimo, termos consciência da verdade; embora esses sentimentos sinalizarem, a todo instante, que estão presentes em nossa mente, cujos sinais se encontram no âmago dos questionamentos a seguir.

Você já se sentiu um estranho no ninho? Aquela ideia sustentada com tanto empenho sequer foi considerada uma alternativa? O convite tido como certo jamais lhe foi endereçado? Você amou e não foi correspondido? O desdém de um familiar ou de um colega fez ruir seu castelo de esperanças? Pois é, se você respondeu "sim" a alguma dessas perguntas, então se deparou com o sentimento de **rejeição**.

Alguma vez você se sentiu solitário na companhia de amigos? Teve a impressão de não estar presente em uma festa, apesar das pessoas ao redor? Sentiu-se deslocado em sala de aula? Envolvido nessas sensações desconfortáveis, você já teve a impressão de não conseguir encontrar seu lugar no mundo? Se isso aconteceu (ou está acontecendo) em alguma etapa de sua vida, então você conhece o sentimento de **não pertencimento**.

Por acaso, você vivenciou a frustração de não poder fazer nada para resolver um problema? Viu-se completamente perdido diante de uma adversidade e sentiu raiva por isso? Chegou a se imaginar preso a um determinismo inexplicável? Se transitou por uma dessas circunstâncias, então você trocou figurinhas com o sentimento de **impotência**.

Você se rebelou contra as regras ou os colegas, o empregador, seu cônjuge, seus amigos, apenas para que sua vontade prevalecesse? Insistiu em ultrapassar veículos causando transtorno ou acidentes de trânsito? Procurou levar vantagem sobre outras pessoas, não importando os meios utilizados? Foi incapaz de sentir afeto ou empatia por alguém? Creditou a terceiros os erros que cometeu? Culpou pessoas, demonstrou hostilidade ou entrou em depressão por não conseguir impor sua vontade? Costuma usar, com frequência acima do razoável, os pronomes *eu, me, mim, meu, minha*? Sente autopiedade ou costuma autocondenar-se? Se você se reconheceu nas questões formuladas, muito provavelmente está vivendo uma situação de neurose do sentimento de **egoísmo**.

Nos capítulos a seguir, você vai constatar que os sentimentos negativos são passíveis de substituição por sentimentos positivos por meio do fenômeno psíquico da **ressignificação** – que ocorre somente porque nosso cérebro tem aptidão de construir e reconstruir conexões neurais correspondentes a pensamentos e sentimentos recorrentes na mente inconsciente. A esse fenômeno, os neurocientistas denominam **neuroplasticidade**. Essa capacidade do cérebro de ser plástico e de ressignificar sentimentos negativos possibilita transformar em hábito a expressão dos sentimentos positivos.

Quando sentimentos positivos como a generosidade, o amor ao próximo, a empatia e a gratidão se transformam em hábito, a pessoa por ele agraciada se torna apta a **ver a coisa pronta**: estado psíquico com o qual é possível se comportar como se suas expectativas já tivessem se tornado realidade, tão materializadas no futuro que lhe resta apenas agradecer o intento alcançado.

O título deste livro, *Diamantes invisíveis*, é uma metáfora aos sentimentos positivos – pedras preciosas psíquicas de nossa condição humana –, os quais, assim como os diamantes, também podem ser lapidados. Uma vez que estamos metaforizando, podemos reivindicar os termos do processo de lapidação das pedras preciosas e dizer que nossos sentimentos positivos podem ser lapidados no *copo de rocha* do aprendizado, na *caneta de facetar* da força de vontade e da fé e na *roda de polimento* da aptidão plástica do cérebro, para se transformarem em gemas com brilho singular em nossa mente.

Na abordagem dos temas deste livro, mantivemos o comprometimento maior com a ciência (com ênfase na neurociência, na psicologia e na física quântica), sem a formalidade e a austeridade dos ensaios científicos e com a contribuição inspiradora da filosofia, a qual embasou várias de nossas reflexões. Assim, chegamos à construção de um livro simples, objetivo, de fácil leitura e compreensão sobre os sentimentos e seus efeitos sobre nossa vida e, principalmente, sobre como ressignificá--los. Esperamos ter escrito uma obra com conteúdo e forma para conduzir você a novos conhecimentos por intermédio de uma leitura aprazível.

O autor

CAPÍTULO 1

OS SENTIMENTOS DE REJEIÇÃO E DE NÃO PERTENCIMENTO

> *Nunca é alto o preço a se pagar pelo privilégio de pertencer a si mesmo.*
>
> Friedrich Wilhelm Nietzsche (1844-1900), filósofo alemão, autor de *Assim falou Zaratustra*

Quando me disseram que em *Eu sou, eu posso!* eu não me aprofundara na conceituação dos sentimentos de *rejeição* e de *não pertencimento*, sobretudo no início da tomada da mente do menino Paulo, ainda em Guaxupé, lá nas Minas Gerais, reconheci a superficialidade com a qual tratei deles naquele momento. De fato, nas considerações a respeito, não ficou tão evidente a presença desses sentimentos na mente daquele menino, porém eles estavam lá, ao lado de outros. Por eu ter transtorno do déficit de atenção com hiperatividade (TDAH),[2] minha impulsividade e hiperatividade por certo importunavam as pessoas, que, alheias ao meu distúrbio, censuravam sistematicamente meu comportamento. Essas censuras afetavam-me demais, doíam na

---

[2] Distúrbio neurobiológico de origem genética que acomete a pessoa desde a infância e a acompanha, em geral, por toda a vida. Também conhecido como distúrbio do déficit de atenção (DDA), caracteriza-se pelos sintomas de desatenção, hiperatividade e impulsividade.

alma, e eu não as aceitava. Na realidade, não conseguia compreender por que os adultos não me entendiam se eu os entendia perfeitamente. Sentia aqueles *sentimentos negativos*, sim, mas o do *não pertencimento* era mais evidenciado em minha mente que o da *rejeição*. E havia uma razão para isso.

No Brasil dos anos 1950, as escolas particulares eram raras, e nas pequenas comunidades elas simplesmente não existiam, deixando às escolas públicas a missão da educação de todos. Na escola onde eu estudava, em Barão de Guaxupé, sentavam-se lado a lado os mais pobres e os mais ricos. Ali, Paulo, um menino pobre, era ladeado, por exemplo, pelo filho do maior produtor e exportador de café do país e pelo filho do prefeito da cidade, e todos tinham convivência social diária, sem nenhuma percepção de diferença de castas. Essas circunstâncias me fizeram protagonista de uma cena que hoje faz parte das minhas lembranças: no primeiro dia de aula, compareci com os pés descalços e de minha carteira admirava os sapatos Vulcabras dos meninos ricos, tão bonitos, com couro reluzente e sola de borracha. Naquele momento, creio que começou a nascer em mim o *sentimento de não pertencimento*. Eu queria, mas não podia pertencer àquele grupo de meninos bem-vestidos, com sapatos luzidios, lancheiras com aroma irresistível, bolsas escolares com cadernos e livros cheirando a novo. Independentemente disso, enquanto alimentava o desejo de inclusão, eu usufruía daquela comunhão social que, pelo menos na escola, nos tornava todos iguais.

Não sei até hoje se eu imaginava ou era real que algum daqueles colegas abastados nutria uma atitude de afastamento ou até de desdém em relação a mim. Eu sentia uma sensação de *rejeição*, sim, mas que não me impedia de criar amizades com eles. No entanto, foi com meus colegas menos favorecidos que realmente tive contato com esse sentimento, na forma mais cruel, porque eles enfrentavam situações precárias semelhantes à minha. Soube que muitos deles eram mais carentes que eu, porque se ressentiam da falta de atitude dos pais demonstrando-lhes o amor necessário (o que eu tinha de sobra), fato que os deixava bastante fragilizados. Muito tempo depois, entendi que aquela carência afetiva pode deflagrar o *sentimento de rejeição* na mente inconsciente e predisposta de uma criança; uma triste situação vivida por milhões de crianças e adolescentes pelo mundo afora, verdadeiro tormento que, na maioria das vezes, persistirá no adulto, martirizando-o pela vida inteira. Às vezes, vejo-me questionando: quantos dos meus coleguinhas carregaram esse fardo psíquico no decorrer de sua existência?

Esses dois sentimentos parecem semelhantes, mas há uma diferença entre eles. A *rejeição* é um sentimento que experimentamos quando, de fato, não somos aceitos ou somos excluídos (ou quando imaginamos isso). Já o *não pertencimento* tem como atributo essencial a impressão de que somos desvalorizados, isto é, quando percebemos que nossas opiniões não são levadas em consideração ou quando achamos que não pertencemos àquele lugar ou àquele grupo. Ambos os sentimentos, de conotação negativa, fazem parte da condição humana, e, se desejamos bani-los da mente, a primeira coisa a fazer é conhecê-los muito bem.

A dor do sentimento de rejeição

Quando citei os eventos ocorridos na escola primária onde estudei e me referi ao *sentimento de rejeição* que começava a invadir minha mente com base em uma causa real ou imaginária, é porque, concretamente, precisamos considerar a origem em fatos imaginários, distantes da realidade. Uma conversa reservada dos colegas no local de trabalho ou um comportamento não usual de um familiar podem ser entendidos como um gesto de rejeição pela pessoa que cultiva, há muito, a ideia de que não é mais amada ou necessária. A suposição sombria logo a estimula a erguer barreiras de defesa contra a ameaça etérea, mergulhando-a numa série interminável de desconfianças que enfraquecem a autoestima.

Embora possa surgir na adolescência, o mais comum é esse sentimento aparecer na infância, em razão da desatenção dos pais e da abundância de censuras e cobranças, combustíveis do medo de errar. O medo doentio de ser rejeitado do adulto quase sempre espelha a expectativa de que um fato semelhante ocorrido no passado se repita. Afinal, de maneira geral, a causa está na infância e na adolescência. Entretanto, também pode nascer de acontecimentos do cotidiano, já na idade adulta, a exemplo de um *fora* da(o) namorada(o), do desprezo no local de trabalho, da perda do emprego, da indiferença e do desdém nas redes sociais (ou daqueles com os quais tanto desejamos fazer amizade), ou mesmo da simples ausência de elogios, do convite para ir à balada que nos foi negado, do esnobismo de pessoas próximas pelas quais nutrimos admiração, da preterição dos pais em relação ao irmão, entre outros. Qualquer circunstância desagradável que faça a pessoa se sentir relegada poderá ser o gatilho para novos tormentos. Tomada pelo sentimento da rejeição, o indivíduo torna-se incapaz de estabelecer conexões sociais, de fazer novas amizades, e experimenta como tortura até a simples atitude de iniciar uma conversa.

A verdade indiscutível é que somos seres sociais e, portanto, não conseguimos viver fora de uma sociedade, mas isso, como tudo na vida, tem seu preço. Na Pré-História, lá nas savanas do leste africano, aquele que sofresse um processo de rejeição pela tribo estava condenado à morte, pois não teria mais acesso à proteção coletiva, ao resultado da caça em grupo, muito menos a parceiros sexuais. Dificilmente sobreviveria. Por essa necessidade de acolhimento, a natureza fez nascer o *sentimento de aceitação* (aceitar a realidade como ela é), o qual evoluiu como característica fundamental da natureza humana[I] e se consolidou como contraponto ao *sentimento de rejeição*, antídoto que deve ser tomado sob pena de sofrermos consequências danosas em forma de distúrbios psicológicos e fisiológicos.[II, III]

O *sentimento de rejeição*, em forma de ondas eletromagnéticas, tem o poder de nos afetar negativa e diretamente, tornando-se agente causador do desequilíbrio e da deterioração de nosso organismo. Esse evento é o exemplo típico de como a energia afeta a matéria, de acordo com os princípios da física quântica. Porém, nem sempre o cérebro permite essa ação tão devastadora do sentimento de rejeição à nossa saúde. Isso porque, quando ele ameaça se tornar um distúrbio perigoso, um coquetel de hormônios é imediatamente liberado, por ordem cerebral, para defender o organismo. Se, no entanto, o sentimento ameaçador não se instala e vai embora, o organismo volta à normalidade, com a rápida adequação da concentração de hormônios, o recuo das armas e dos combatentes. No entanto, se o sentimento passa a ser crônico, a permanência do coquetel hormonal no corpo, em geral produzido para nos proteger, torna-se altamente tóxica, enfraquecendo o sistema imunológico e outros sistemas vitais, deflagrando, assim, uma série de desequilíbrios orgânicos.

A verdade indiscutível é que somos seres sociais e, portanto, não conseguimos viver fora de uma sociedade, mas isso, como tudo na vida, tem seu preço.

É por causa dessa possível toxicidade – pela permanência anormal dos hormônios no organismo – que, nessas ocasiões, o cérebro liga o interruptor da dor mental ao menor sinal de ação desse sentimento, acendendo o alerta de perigo iminente. E o medo de sentir esse sentimento tão doloroso leva a pessoa a atitudes desesperadas. A opção de adequar seu comportamento para não ser excluída de um grupo social é, por certo, a mais recorrente entre todos aqueles que passam por essa angústia.

As pessoas sofrem demais para se ajustar a padrões ilusórios de consumo, de beleza e de relacionamento, na tentativa insana de agradar e de se fazer admirar por seus grupos, desperdiçando, desse modo, o potencial de manifestar os seres extraordinários que são, em essência. Não é por acaso a compra obsessiva de sapatos, bolsas e cintos mais caros, assim como de roupas de grife, de um arsenal de cosméticos; da ida frequente a clubes, restaurantes e baladas da moda; a compra do carro mais cobiçado. Todas essas aparências não visam atender às necessidades pessoais, mas tão somente fazer o indivíduo se mostrar àqueles do seu grupo e deles receber admiração. Em resumo: todo esse movimento que a pessoa faz é para conquistar e garantir a ausência da sensação de rejeição do grupo, pois para ela nada é pior que essa tragédia. Assim fizeram nossos ancestrais; assim fazemos hoje.

Conforme enfatizamos, esse sentimento costuma ter origem na infância. A criança o arrasta para a vida adulta e, nessa fase, sofrerá ainda mais, tendo em vista que, presa ao passado, muito provavelmente não conseguirá lidar com novas rejeições. É a hora das dores dilacerantes, porque a elas se somam os estigmas que potencializam o sentimento. Não nos enganemos: o *sentimento de rejeição* causa uma dor tão grande que o cérebro a entende e nos faz senti-la como dor física. Tudo porque, quando esse sentimento se apossa da mente, ocorre intensa atividade numa determinada região cerebral,[IV] e, como essa região está associada à dor física, a vítima recebe o golpe ao sentir uma *dor na alma* porque a rejeitaram.[V] Na realidade, para o cérebro, não há diferença entre ambas as dores.[3] Ele é mesmo insensível; para ele, não importa se a dor é de um *sentimento de rejeição*, de um coração partido ou de uma perna quebrada.

O vale-tudo contra o não pertencimento

Mesmo que o indivíduo não passe pela rejeição, seja ela real ou imaginária, como vimos, ainda assim ele pode

---

[3] Ethan Kross, neurocientista da Universidade de Michigan, nos Estados Unidos, publicou, em 2011, uma pesquisa intitulada "Proceedings of the National Academy of Sciences", na qual conclui que para o cérebro não há diferença entre dor física e dor causada por um sentimento de rejeição. Ambas ativam as mesmas regiões cerebrais: o córtex somatossensorial e a ínsula dorsal posterior.

se sentir diferente, alheio a certo grupo, excluindo a si mesmo por sentir que não pertence a determinado meio, por um ou outro fator.

Nas minhas atividades educacionais (escolas de educação básica e de ensino médio), vivenciei experiências nas quais adolescentes e crianças foram acometidos ou ameaçados pelo *sentimento de não pertencimento*. Enquanto anseiam pela sensação de pertencimento, os adolescentes mudam comportamentos para se igualar aos pares, fazendo transformações radicais que se manifestam, sobretudo, na aparência, a exemplo dos cortes e das cores de cabelo; na posse e no uso de determinadas marcas de roupas e sapatos; na maneira de curtir e celebrar a vida, como no som estridente de músicas que soam esquisitas aos ouvidos adultos. Todas essas mudanças sinalizam, na rebeldia contra os comportamentos sociais "normais", o desejo de afirmar-se como membro de um grupo. Lamentavelmente, muitos não conseguem manter o rumo e acabam perdendo a própria autenticidade para enquadrar-se nos padrões grupais, o que, muitas vezes, é seguido de distúrbios psicológicos e físicos. Entre tantos exemplos citados, lembro-me do caso de um adolescente que se sentiu obrigado a participar de um ato de assédio contra uma colega perpetrado pelo grupo ao qual queria se sentir pertencido. No entanto, o ato feriu os princípios dele, e ele findou acometido de ansiedade e depressão profundas.

O sentimento de rejeição, em forma de ondas eletromagnéticas, tem o poder de nos afetar negativa e diretamente, tornando-se agente causador do desequilíbrio e da deterioração de nosso organismo.

Em experiências educacionais com crianças, constatamos o que a psicologia sabe há muito tempo e que o repetimos anteriormente: é na infância, com mais frequência, que tem início o *sentimento de não pertencimento*. Não adianta os pais disfarçarem qualquer forma de desatenção (até de desamor, em alguns casos), porque a criança a perceberá do mesmo jeito e a absorverá no inconsciente, antes que se torne capaz de processá-la. Ela, então, terá aí o combustível da crença de que alguma diferença a impede de ser tratada com o devido amor: não há reconhecimento por suas atitudes positivas; não recebe elogios por suas conquistas, tampouco percebe qualquer expressão de gratidão por seus atos generosos. Sua mente adoece; sua autoestima se enfraquece ou se estilhaça. Assim, ela carregará consigo a noção equivocada de que nasceu com algum defeito que a impede de ser plena no que é e no que faz.

O gatilho das comparações

As comparações são gatilhos para a instalação do *sentimento de não pertencimento*. No meu caso específico, por exemplo, não tenho dúvida de que a atitude de estabelecer comparações aumenta a intensidade desse sentimento: eu descalço, eles com sapatos; eu com livros usados, eles com livros novos; eu com uma lancheira surrada com um pão e uma banana, eles com lancheiras novinhas recheadas de sanduíches saborosos e sucos de frutas. Seria eu pior que eles? E vale aqui um esclarecimento: não se tratava de inveja, que é o simples desejo de ter aquilo que pertence à outra pessoa, seja um objeto, seja suas qualidades, o que pode assumir ares de pulsão obsessiva. Eu não me revoltava por não ter os mesmos pertences dos meus colegas; isso não me corroía com ressentimentos e frustrações. Na realidade, eu os admirava. O que eu queria era tão somente pertencer ao grupo deles, incluir-me, e, como não conseguia, sofria com o *sentimento de não pertencimento*. Se não nos livramos dessa dificuldade ainda jovens, quando adultos, o hábito de nos compararmos aos outros é fortalecido. Comparações que, na maioria das vezes, resultam em suposições de que não pertencemos àquele meio por usarmos, por exemplo, um carro velho ou uma roupa fora de moda, ou por não termos desenvoltura ao nos expressarmos. É como se tivessem instalado em nossa mente um chip com circuitos integrados responsáveis pela recorrência dos sentimentos de *não pertencimento* e de *inferioridade*.

Todavia, não posso deixar de falar que as causas do *sentimento de não pertencimento* têm duas vertentes: as observadas do exterior e as sentidas em nosso interior. As de origem externa todo mundo vê e estão expostas às críticas e às censuras, como a aparência física, o sotaque, as roupas, os sapatos, o estilo de cabelo, o comportamento irrequieto. Se essas características não atendem aos padrões do grupo, o jovem estará vulnerável a vivenciar experiências de bullying e até de exclusão. As causas internas, experimentadas na solidão, existem apenas em nossa mente, como resultado de nosso autojulgamento. É o caso de uma pessoa pobre que frequenta um ambiente de pessoas abonadas. No íntimo, ela continuará não pertencendo àquele grupo, mesmo que lhe digam que sua presença é bem-vinda.

Consequências negativas dos *sentimentos de rejeição* e de *não pertencimento*

Penso que o efeito mais danoso desses sentimentos é o potencial de gerar outros igualmente negativos, em formato cascata. Deles podem surgir os sentimentos de inveja, baixa autoestima, culpa, sensação de impotência, além da emoção da raiva, entre outros. Muitos estudos da psicologia fazem referência à relação entre *sentimento de rejeição* e baixa autoestima,[4] por exemplo.

A autoestima é um juízo que fazemos de nós mesmos, seja positivo ou negativo, de acordo com nossas atitudes, nossas crenças e nossos comportamentos, e começa a ser formatado na infância. Se os pais tratam o

---

[4] FORD, M. B.; COLLINS, N. L. Self-esteem Moderates the Effects of Daily Rejection on Health and Well-being, **Self and Identity**, v. 12, n, 1, p. 16-38, 2013. Disponível em: https://www.tandfonline.com/doi/abs/10.1080/15298868.2011.625647?journal-Code=psai20. Acesso em: 8 jun. 2022.

filho com amor, carinho, abnegação e atenção, elogiando suas conquistas, a autoestima é nutrida no mais alto nível. Se há excesso de censuras, repreensões, depreciações e indiferença perante as vitórias da criança ou do adolescente, o resultado é a baixa autoestima e suas consequências. Uma pessoa com a autoestima abalada é incapaz de enfrentar as adversidades da vida e tende a abraçar a negatividade, refugiando-se no isolamento social. Eu, por exemplo, passei por isso durante anos e, apesar de há muito ter superado esse drama, ainda hoje tenho dificuldade de lidar com o assunto e descrever a intensidade das sensações que sentia ao emergirem a percepção de incapacidade, a necessidade de agradar a todos e de atracar num porto de autoafirmação para escapar do medo do julgamento. Até hoje não sei como cabia em minha cabeça aquela tempestade de agonias. Talvez a psicologia, por meio da audiência e da avaliação de incontáveis relatos semelhantes, consiga explicar o que acontecia, esclarecendo, em conceitos, o sentimento cruciante que me esmagava por dentro. Um dos mais tóxicos efeitos desse sentimento é o *sentimento de culpa*.

O nascimento do *sentimento de culpa*

O *sentimento de culpa* está conectado aos de *rejeição* e de *não pertencimento*. Daí a premência de superar esses sentimentos negativos, começando pela identificação de suas fontes e gatilhos. Essa trilha nos leva à descoberta de que um dos principais motivos[5] pelos quais os sentimentos de *rejeição* e de *não pertencimento* se instalam é a confusão que fazemos com nosso comportamento e nossa personalidade. Ou seja, confundimos o que fazemos com o que somos. Vejamos: se você errar uma questão na prova, não quer dizer que é burro; se cometeu uma infração de trânsito, não significa que é "barbeiro"; se seu relacionamento amoroso foi um infortúnio, não deve lacrá-lo como alguém desafortunado. Tudo isso seria confundir seu comportamento com sua personalidade, o que não faz o menor sentido. Se você admite que foram os erros que cometeu no relacionamento que provocaram seu desmoronamento, isso o levará a um processo de reavaliação de atitudes, não ao *sentimento de culpa*; todavia, se, em vez disso, você credita a si mesmo a razão da falência, imaginando-se não ser a pessoa certa para uma relação amorosa, a culpa o infectará, e seus dias se tornarão torturantes. Parece não haver diferença entre esses dois olhares, mas há. No primeiro, você põe a causa da situação em seu comportamento incorreto (os erros cometidos); no segundo, sente-se incapaz como pessoa e como amante, incompetente para se relacionar com alguém.

---

[5] SOUZA, F. Rejeição, vergonha e culpa – entenda para superar. **Psicologia MSN.com**, mar. 2015. Disponível em: https://www.psicologiamsn.com/2015/03/rejeicao-vergonha-culpa-entenda-para-superar.html. Acesso em: 8 jun. 2022.

O *sentimento de culpa* é tão insidioso em nossa vida que interfere até na convivência em sociedade, pois também surge como reação ao descumprimento de uma norma estabelecida para todos, mesmo não se tratando de uma regra escrita. Afinal, os riscos de prejuízo aos transgressores são reais. A violação das normas pode resultar em rejeição social, sanções e até exclusão da tribo, e as normas legais, não raro, coincidem com aspectos morais. São elas que regulam nossas interações sociais contempladas nos costumes e nas tradições, nos ditames religiosos, nos padrões de conduta de nossas autoridades, no atendimento aos preceitos éticos. O descumprimento dessas regras sociais, escritas ou não, preenchem o espectro que se estende da infração de trânsito ao consumo de drogas. Atualmente, a mídia tornou mais evidente, por exemplo, a transgressão social ao noticiar, todos os dias, casos de injúria racial, crime que se caracteriza, de acordo com o Código Penal brasileiro, pela ofensa à dignidade de alguém, com base em elementos referentes à raça, cor, etnia, religião, idade ou deficiência.

Mas o sentimento de culpa também pode aparecer de uma atitude que só o transgressor conhece e que fere sua consciência. Nesse caso, ele se vê na solitária obrigação de reparar ou compensar os danos causados, não lhe bastando os pedidos de perdão ao Invisível.

O caminho da raiva à vingança é cansativo e tóxico, tanto para a mente como para o organismo.

Temos aqui o fenômeno da autorrejeição, *sentimento de rejeição* de si mesmo em razão de um erro cometido.

No livro *Eu sou, eu posso!* relato um caso do qual fui protagonista quando criança. Eu era auxiliar do sacristão (e o substituía temporariamente) e ajudava o padre na Matriz de Guaxupé. Nessa condição, cuidava das ofertas dos fiéis para a manutenção da igreja. Acontece que, em meio à carência doméstica, acabei sequestrando uma pequena porcentagem dessas doações, atitude que impregnou minha mente como um incômodo, somente apagado dela anos mais tarde, quando, adulto, pude ressarcir a igreja e obter o perdão por uma traquinagem infantil. A verdade é que eventos como esse não param de gerar sofrimento psíquico até que sejam resolvidos.

Abordagem Direta do Inconsciente (ADI): uma saída?

Uma pergunta recorrente que surge diante dessas dores psíquicas é: qual é a solução para banir esses sofrimentos? A resposta é que não há um único caminho. Não foi um único caminho para mim. Comecei pedindo socorro à psicologia e bati à porta de muitos de seus departamentos. Estive perante processos convencionais da análise e da interpretação, perambulei por consultórios médicos e psicológicos, porém continuava confuso e sem respostas. A psicóloga

Renate Jost de Moraes constatou, no livro *As chaves do inconsciente*,[VI] essa busca infrutífera por um alívio, por uma cura: a pessoa em sofrimento não consegue uma resposta imediata e acaba perdendo a esperança de curar-se, desilude-se com a ciência, cai na apatia e na depressão, quando não se entrega à autodestruição progressiva. Diante desse quadro, Jost formatou uma nova metodologia terapêutica que se mostrou eficiente na abordagem desse tipo de distúrbio: o método de Abordagem Direta do Inconsciente, a ADI, e esta foi a primeira sinalização, para mim, de que havia um caminho a seguir.

Para fazer uma conceituação da ADI, a princípio temos que nos lembrar de que a mente é formada por duas mentes: a *consciente*, que nos permite viver o presente, e a *inconsciente*, nosso almoxarifado, onde estão armazenadas todas as nossas passagens por essa vida em forma de memórias e, consequentemente, todas as causas e todos os efeitos de nossos atos, traumas e decisões. O método da ADI consiste em minerar na mente inconsciente, nos mais profundos subterrâneos, as causas do sofrimento e, a partir daí, buscar soluções e extingui-lo. No entanto, apesar dos acertos e de ter mitigado minhas dores, a ADI não era suficiente para acabar com minhas agruras mentais. Foi outro apontamento da mesma psicologia[6] que me empurraria para mais perto da terra firme: corrigindo o foco das aflições, das ansiedades, das torturas psíquicas e direcionando toda a energia para outro alvo. Eu precisava fazer uma viagem, longa, com destino ao cerne de minha mente inconsciente, onde estão todos os registros de minha vida, e ali, por certo, encontraria a raiz dos sentimentos que me atormentavam. E a fiz.

Sentimento de aceitação: um antídoto?

Concentrei todas as minhas energias, mobilizei minha fé e minha força de vontade, percorri os corredores escuros de meu inconsciente e cheguei aonde queria. Mais que encontrar a raiz de meus sofrimentos, pude compreendê-la, em um movimento de expansão de minha consciência. Nesse nível, entendi que precisava aceitar a inexistência daquelas causas, pois o passado, do mesmo modo, deixara de existir. No instante em que se apossou de mim o *sentimento de aceitação* da vida como ela é, percebi que, por fim, encontrara um poderoso antídoto para o *sentimento de rejeição* e um passaporte de pertencimento

---

[6] BROTTO, T. F. Como lidar com a sensação de impotência em momentos difíceis. **Psicólogo e Terapia**, 27 out. 2016. Disponível em: https://www.psicologoeterapia.com.br/blog/como-lidar-com-a-sensacao-de-impotencia-em-momentos-dificeis/. Acesso em: 8 jun. 2022.

à vida. No decorrer da terapia, foram se dissolvendo os pensamentos recalcitrantes sobre como deveria ter agido, a idealização do que poderia ter sido e os lamentos infrutíferos. Daí para a frente, passei a me aceitar incondicionalmente como sou, os outros como são; enfim, comecei a aceitar a vida com sua realidade. Para subir até esse degrau, acreditei que teria de me esforçar muito para ser aceito por meus pares, do contrário reviveria meus tormentos. Como dissera o psicólogo estadunidense Albert Ellis, "se acreditas de forma devota que, sob todas as condições, tens de te esforçar bem e que serás aceito pelos outros, vais ficar em pânico se não te portares tão bem como supostamente deverias".[VII]

O processo de autoaceitação abre nossa mente para aceitarmos o outro como ele é, com seus desvios e suas virtudes, e para abraçar a vida do jeito que ela se apresenta a nós, com seus prazeres e suas dificuldades. Então tudo pode mudar, a partir de fatos corriqueiros. Se alguém bate em seu carro, sua reação instintiva é explodir em raiva, com todas as consequências, porque se vislumbra um grande transtorno. No entanto, o verdadeiro problema não é esse, mas a barreira que a pessoa levanta entre a própria mente e o acontecimento, na ausência do *sentimento de aceitação*. Saber disso faz a diferença; porém, isso não significa que se deve ter uma atitude passiva diante dos fatos. No exemplo do carro batido, a *emoção da raiva* e os impropérios que você grita não o ajudarão, em nada, a resolver a situação. Com o *sentimento de aceitação*, o fato será encarado de maneira proativa, sem sentimentos de vitimização ou resignação, e sim com atitudes para solucionar a dificuldade, aprender com ela e evoluir como pessoa, até que essa evolução o leve ao hábito do *sentimento de perdão*.

Perdão: sentimento que liberta

Quando se incorpora o *sentimento de aceitação* e a pessoa passa a aceitar as outras com mais naturalidade, por certo está implícito o *sentimento de perdão* para eventuais agressões sofridas por esta e cometidas por aquelas, agora aceitas, com seus defeitos e suas virtudes. Se por causa de eventual episódio de conflito a pessoa sentiu, por exemplo, a *emoção da raiva*, transformada em mágoa, levando a pessoa ao rancor e ao sentimento do ódio e, dele, ao da vingança, essas funções psíquicas e negativas não mais fragilizarão psicológica e fisicamente a pessoa, uma vez que o *sentimento de perdão* as substituiu por meio do *processo de ressignificação dos sentimentos negativos*. Esse processo será aprofundado mais adiante em nossas reflexões, mas antecipo que consiste em fazer uma faxina na mente, varrendo sentimentos negativos oriundos de eventos passados, e em ocupar o espaço que ficará vazio com pensamentos e sentimentos de natureza positiva.

Quando uma pessoa aprende a ressignificar os pensamentos e sentimentos negativos e começa a cultivar pensamentos e sentimentos positivos, dá uma guinada na vida, encontrando ou reencontrando a autoestima perdida, e expressa sentimentos como força de vontade e resiliência, os quais a levam a transformar expectativas em realidade. Contudo, o aprendizado do *processo de ressignificação* também requer atenção aos princípios básicos, como olhar pelo retrovisor da vida e compreender que as dores do passado, muitas vezes, são necessárias para vislumbrar as novas possibilidades no futuro; ou como expressar o *sentimento do perdão* com aqueles que tanto nos ofenderam e, assim, criar a aprazível sensação contínua de libertação. A atitude de *perdoar* e de *se perdoar* permite abrir as grades da prisão de uma memória negativa.

O caminho da raiva à vingança é cansativo e tóxico, tanto para a mente como para o organismo. O *sentimento do perdão*, no entanto, torna o caminho mais acessível rumo à felicidade e à prosperidade; possibilita analisar as ocorrências da vida com visão destituída de sentimentos nocivos; traz paz e expansão da consciência; ampliam-se os conhecimentos adquiridos. E, quanto mais conhecimentos sobre o *processo de ressignificação*, mais fácil ficam sua compreensão e sua prática.

Abrindo caminhos para o processo de ressignificação

Nessa viagem à minha mente para entender os mecanismos dos sentimentos negativos que me atormentavam, fui absorvendo conhecimentos da psicologia, da neurociência, da biologia, da filosofia oriental e, para minha fascinação, da surpreendente física quântica.[7] Com os conhecimentos apreendidos até então, intuí que poderia ir além do *sentimento de aceitação*. E fui. Mas, agora, vou retroceder às consequências negativas dos *sentimentos de rejeição* e *de não pertencimento*, quando disse que seu efeito mais danoso é o potencial de gerar outros sentimentos negativos, a exemplo daqueles da *inveja*, da *baixa autoestima*, da *culpa* e de *impotência*. E é especificamente sobre a dinâmica do *sentimento de impotência* em nossa mente, com seu poder paralisante e corrosivo, que gostaria de abrir essa discussão. Ele também tem, com frequên-

---

[7] A física quântica descreve o comportamento das partículas fundamentais que compõem toda matéria que existe; seu objetivo é compreender o funcionamento do Cosmos na escala subatômica.

cia, origem na infância, quando a criança mostra sua natureza frágil e dependente, podendo ser potencializado em decorrência de traumas; esse foi um dos sentimentos negativos que mais corroeram minha mente desde a meninice, em Guaxupé.

Quando uma pessoa aprende a ressignificar os pensamentos e sentimentos negativos e começa a cultivar pensamentos e sentimentos positivos, dá uma guinada na vida, encontrando ou reencontrando a autoestima perdida.

CAPÍTULO 2
O SENTIMENTO DE IMPOTÊNCIA

> *Você passou por algo que o fez se sentir impotente e nunca mais quer se sentir desse jeito.*
>
> *Chicago Med – Atendimento de Emergência,* série televisiva criada por Dick Wolf e Matt Olmstead

Quando o *sentimento de impotência* consegue manipular a mente de uma pessoa, ele a deixa incapaz de agir e de ter controle sobre si mesma e sobre as situações que se apresentam na vida.

Como nos sentimentos de *rejeição* e de *não pertencimento*, esse também costuma ter origem no período da infância. E, se assim acontece, quando a criança se tornar adulta, tal sentimento não só persistirá como também será agravado por ressentimento, culpa, raiva e frustração. São esses sintomas que conceituam o *sentimento de impotência* consolidado.

Nesse momento, retorno aos meus tempos de meninice, quando tinha a mente martirizada por esse sentimento em razão da incapacidade de proteger minha mãe, Eliza. Eu me sentia sozinho com aquele desejo imenso de proporcionar a ela uma vida melhor, mais confortável, e isso produzia em mim mais tristeza, mais angústia e, por fim, mais frustração. Era uma experiência subjugadora, que destruía qualquer esperança de mudança. E, na tentativa desesperada de me livrar daquela angústia, eu me escondia na hiperatividade e corria. Corria com os pés descalços para engraxar os sapatos dos outros; para vender guarda-chuvas em dias chuvosos e flores no feriado de Finados, próximo ao cemitério; para entregar a carne do açougue; para vender doces, pipocas e paçocas nas praças da cidade; para ajudar a professora com sua pesada bolsa de couro. Corria sem parar tentando abandonar aquela agonia que não desgrudava de minha mente. Era meu mecanismo de defesa. O tempo foi passando, e continuei correndo, arrastando aquele fardo psíquico pela vida afora.

Sintomas e causas do *sentimento de impotência*

Minha mente vulnerável tornou-se hospedeira perfeita do sentimento negativo e da ansiedade sem fim. Até poucos anos atrás, ainda sofria horrores com as visitas recorrentes daquele desassossego. A ansiedade surgia do nada, estivesse eu sozinho ou prestes a me comunicar com as pessoas. Eu conseguia escondê-la de todos, mas não de mim. Ela chegava como uma avalanche de sintomas: falta de ar, transpiração excessiva, tensão muscular, arritmia. E tudo isso sustentava o *sentimento de impotência* que quase me paralisava.

O desamparo aprendido

Cada ser humano deste planeta é diferente do outro em termos biológicos, e é essa diferença que faz com que cada um de nós perceba o universo de maneira singular. Pelo mesmo motivo, nem todos reagem igualmente quando atingidos pelo *sentimento de impotência*. Por exemplo, há pessoas que, apesar de transportar essa carga psíquica desde a infância, nunca desistem de se livrar de sua angústia, até conseguirem a libertação. Porém, para outras pessoas, essa experiência é tão avassaladora que vai muito além dos sintomas primários, oprimindo-as de tal modo que elas desistem de lutar e perdem a esperança de se curar. Em situações extremas, desenvolvem um estado neurótico, em que a própria cura não é desejada. Esse é um dos efeitos mais devastadores do *sentimento de impotência*. Para muitos, ele poderá ser o prenúncio do *sentimento da desesperança*,[VIII] que consiste na incapacidade de buscar solução para dificuldades, de enfrentar adversidades. A pessoa assume um comportamento passivo diante da vida, acomodando-se ao *sentimento de impotência*, mesmo quando a oportunidade de se livrar do martírio está ao seu alcance. É o que os psicólogos chamam de *desamparo aprendido*.[IX] A vítima internaliza a ideia de que é impossível contornar e mudar as situações. É o caso do agredido que, sem forças, se une ao agressor, seja este o chefe que o critica ou o amigo intolerante, o sequestrador ou o marido que espanca a esposa.

Os efeitos desse sentimento podem ser tão nocivos que ele pode evoluir para um estado de depressão, caracterizado por atitudes e comportamentos negativos consigo mesmo em relação ao futuro – uma carga psíquica tão pesada que pode deflagrar até a intenção de suicídio.[x]

Nas profundezas do cérebro

Na desesperada busca por um antídoto para minhas agonias mentais, contra o *sentimento de impotência* utilizei o processo de *ressignificação*, com base no método da ADI. Todavia, enquanto realizava esse procedimento, também procurei outros conhecimentos para fortalecer minhas defesas psíquicas e os encontrei, conforme mencionei anteriormente, na neurociência, na física quântica e na filosofia oriental. É verdade que percorri caminhos complexos e extenuantes, porém, para alguém superar sentimentos negativos, não é necessário repetir todos os meus passos, embora eu julgue importante serem historiados.

Quando a psicologia me orientou a não pensar nas aflições, mas a concentrar e a direcionar a energia mental para outra coisa, busquei um modo de viabilizar a prescrição e, para minha felicidade, logo me deparei com um fenômeno biológico e químico, no arcabouço cerebral, que seria a base de apoio do meu esforço terapêutico. Estou me referindo à capacidade do cérebro de reprogramar a atividade dos neurônios (capacidade singular de moldar-se conforme estímulos externos recebidos); aptidão conhecida por *neuroplasticidade*,[XI] ou *plasticidade cerebral*, fenômeno bioquímico imprescindível para a realização do *processo de ressignificação dos sentimentos negativos*.

Para melhor compreensão, é importante saber que cada órgão do nosso corpo é formado por células especializadas, como as hepáticas (fígado), as epiteliais (pele), os neurônios (sistema nervoso), entre outras. Apenas o cérebro possui quase 100 bilhões de neurônios,[8] e é aqui que está o centro do nosso esforço. Até alguns anos atrás, havia o entendimento de que, por meio das atividades dos neurônios,[9] o cérebro moldava a mente. Contudo, hoje se sabe que os pensamentos, quando focados, têm capacidade de mudar a química e as interações eletromagnéticas no cérebro e, portanto,

---

[8] MORAES, F. T. "Falta incentivo a ideias originais na ciência no país", diz neurocientista brasileira. **Folha de S.Paulo**, 10 jun. 2013. Disponível em: https://www1.folha.uol.com.br/ciencia/2013/06/1291345-leia-na-integra-entrevista-com-a-neurocientista-suzana-herculano-houzel.shtml. Acesso em: 8 jun. 2022.

[9] *Constituição básica de um neurônio: corpo celular* – região onde está localizado o núcleo do neurônio, bem como a maioria de suas organelas; *dendritos* – ramificações do corpo celular responsáveis por receber os sinais químicos de outro neurônio; *axônio* – prolongamento do corpo celular responsável por transmitir os sinais para outras células, cujo terminal é uma ramificação.

a ação dos neurônios. Essas células nervosas se conectam umas às outras por intermédio das *sinapses* (região de contato entre elas), no fenômeno das *conexões neurais*.

Para cada pensamento que pensamos ou cada sentimento que sentimos, o cérebro arma conexões que lhes são correspondentes. É como se os pensamentos e sentimentos se solidificassem; como se se transformassem num chip de computador, de natureza inorgânica, posto que é feito de silício (com seus circuitos eletrônicos miniaturizados, interconectados por condutores que permitem o fluxo de corrente elétrica). Nosso chip, sabemos bem, é de natureza orgânica, pois nossas conexões neurais são à base de proteínas.

Imagine que você está pensando numa teia de aranha e, ao olhar para cima, vê próximo ao teto uma delas, tecida com a conexão de fios de seda. Não pareceria que a imagem mental que você teve da teia acabou de se materializar? Essa imagem descreve o que acontece com a expressão material do pensamento no cérebro mediante a formação dessas conexões ou teias neurais, à imagem de um *chip orgânico*. A ironia da natureza é que ambas as teias, a da aranha e a da nossa conexão neural, são confeccionadas com o mesmo tipo de matéria-prima: *proteína*s.

Os chips orgânicos da memória

A natureza não concebeu nossos chips orgânicos para serem permanentes; sua *lei do uso e do desuso* também funciona para as conexões neurais, permitindo sua construção e desconstrução por meio da concentração de pensamentos a elas direcionadas. Quando presenciamos um evento, nós o memorizamos na mente inconsciente, e o cérebro coordena a formação de conexões neurais, materializando aquela memória. Se logo esquecemos o ocorrido, essa memória se caracteriza como de *curto prazo*, e o cérebro envia uma contraordem para que as conexões construídas para ela sejam desfeitas. No entanto, se não o esquecemos e sua memória persiste em recorrência, ela se converte em memória de *longo prazo*, cristalizando-se numa conexão neural, no interior desse *chip orgânico*. Esse fenômeno pode acontecer, igualmente, com o surgimento de um sentimento negativo, como o de *impotência*. Quando fui acometido por ele e passei por sofrimentos psíquicos atrozes ao longo da vida, procurei, de todas as maneiras, encontrar uma solução para extirpá-lo de minha mente. Até que se acendeu uma luz nas trevas daquela busca ao descobrir que o cérebro possuía a aptidão de reprogramar a atividade dos neurônios, fenômeno da *neuroplasticidade*.

Ora, poder substituir pensamentos e sentimentos negativos, afrontando diretamente minha mente inconsciente, com o auxílio do próprio cérebro, deu-me uma esperança que beirava ao renascimento. E aquela esperança se materializaria no *processo de ressignificação*. De início, decidi substituir aquele sentimento que tanto me maltratava por um *mantra* recitado mentalmente, então criei a frase *Eu sou, eu posso!*, à qual passei a recorrer a cada ameaça de visita do sentimento indesejado. Em seguida, a substituí pela a invocação *Eu sou grato!* Bem sabia que disciplina, perseverança e resiliência seriam necessárias para levar adiante minha intenção. Contudo, não demorou para que eu descobrisse serem aquelas atitudes (foco e recitar mantras) insuficientes para a plena *ressignificação* daquele sentimento: eu precisava, antes, fazer um acordo com meu cérebro, como relato a seguir.

A fragilidade do cérebro

Gostaria de fazer aqui uma breve observação sobre essas minhas reflexões: *não será redundância inadvertida a repetição de alguns conceitos (ou passagens do texto) discutidos anteriormente, mas apenas uma maneira de fixá-los ainda mais, para melhor clareza do assunto.*

Apesar de o cérebro ser um potentíssimo *computador orgânico*, ele não consegue, em contrapartida, distinguir um sentimento negativo de um positivo, nem um objeto real de algo imaginado, conforme descobertas recentes da neurociência.[XII] Quando um estímulo chega até ele (um evento ocorrido ou um cenário diante de nós, por exemplo), por meio dos impulsos nervosos, uma de suas áreas é ativada. Mais tarde, só de nos lembrarmos daquele cenário, a mesma área será ativada de novo, do mesmo modo que ocorrera com a visão da paisagem real, demonstrando assim que, para o cérebro, tanto faz se o cenário é tangível ou imaginário.

E há mais duas particularidades do cérebro que você precisa conhecer: a primeira *é que ele só consegue realizar uma tarefa por vez*, e esse fenômeno é muito importante para um resultado positivo no *processo da ressignificação* de um sentimento como o de *impotência*; a segunda é que, como já referimos, para ele gravar um pensamento e construir sua conexão neural correspondente *basta que o pensamento se torne recorrente*. Como o *sentimento de impotência* estava gravado em minha mente inconsciente, o cérebro o fazia aflorar na mente consciente sempre que recebia o código, em forma de gatilho, o que acontecia antes de um encontro ou na iminência da visão de uma plateia, por exemplo, porque o *sentimento de impotência* é uno e, após ter se instalado na mente, pode vir à superfície por qualquer motivo que o remeta a uma circunstância de insegurança. Por essa razão, meu organismo reagia com o desconforto daquele sentimento, causando-me mal-estar angustiante.

Como confessei outrora, durante décadas sofri com esse tormento, até chegar ao ponto de esperar a possibilidade de sua *ressignificação*. E foi aí que resolvi me rebelar contra minha mente inconsciente e meu próprio cérebro. Sabedor das particularidades dele, as quais listei anteriormente, decidi combinar com ele que usaria um anticódigo (um *mantra*) para anular o código que acionava o gatilho para a recorrência daquele sentimento. Assim, sempre que ele se preparava para instalar em minha mente consciente o retorno do *sentimento de impotência*, eu lhe ordenava a substituição pelo *mantra* (meu anticódigo), na forma da frase *Eu sou grato!*

Como meu cérebro não conseguia atender ao seu código e ao meu anticódigo ao mesmo tempo, uma vez que é incapaz de fazer duas coisas simultaneamente, ele entendeu que meu *mantra* recorrente seria o pensamento a ser gravado, com a construção de uma conexão neural a ele correspondente. Com o passar do tempo, o *sentimento de impotência*, que durante muitos anos me martirizou, foi deixando minha mente inconsciente, e sua conexão neural se desfez para dar lugar à do *mantra*.

Um brinde ao êxito da *ressignificação*

Saiba você que nesse *processo de ressignificação* ocorreram transformações bioquímicas em meu corpo, as quais me resgataram das profundezas da agonia para a superfície da felicidade. Nos momentos em que me sentia impotente e desesperado, meu cérebro ordenava a produção dos neurotransmissores (hormônios) cortisol e adrenalina.

Como a recorrência do *sentimento de impotência* virara *estresse crônico*, o meu cérebro era induzido a produzir e a manter concentrações de cortisol inadequadas, tornando esse hormônio tóxico para meu organismo.

Por esse motivo meu sistema digestório se desequilibrava: vinha a azia, sentia taquicardia pelo aumento da pressão arterial, banhava-me com a sudorese; as noites de insônia se repetiam, e eu me sentia fatigado. Ao mesmo tempo que meu corpo era inundado pelo cortisol, o outro hormônio, a adrenalina – igualmente com características tóxicas quando liberado e mantido em concentrações inapropriadas –, potencializava minhas taquicardias, que empalideciam minha pele para depois ruborizá-la com a dilatação dos vasos sanguíneos; provocava-me crises de pânico; e eu me tornava vítima da sensação de angústia e de indomável irritabilidade.

No entanto, tudo mudou quando o *sentimento de impotência* começou a abandonar minha mente. No instante em que meu cérebro cumpria o acordo que fizemos de aceitar como verdade meu *mantra*, em vez de permitir a invasão do sentimento negativo, uma nova bioquímica começou a se estabelecer em meu organismo. Agora, em vez da liberação permanente de cortisol e adrenalina, meu cérebro ordenava a produção de novos neurotransmissores, os hormônios *endorfina, dopamina, serotonina* e *ocitocina* (o *coquetel da felicidade*), responsáveis por meu novo estado psíquico. Com o desaparecimento do *sentimento de impotência*, tive acesso à sensação de bem-estar e felicidade.

Do *coquetel da felicidade* que tomava conta de cada pedaço de mim, a *endorfina* deixava-me anestesiado contra as dores de qualquer sentimento negativo que porventura ameaçasse minha mente. A *serotonina* impedia que eu fosse acometido de sentimentos que me levassem à depressão, como o de *rejeição* ou o de *não pertencimento*. A *dopamina* me abria as portas para que, finalmente, eu pertencesse a um mundo onde podia sentir o prazer de viver e ver recrudescer todas as motivações. A *ocitocina* me fornecia a confiança necessária para eu formar mais vínculos emocionais e construir mais relacionamentos sociais saudáveis. Era a felicidade chegando.

O relógio da *ressignificação*

Costumo fazer uma metáfora com aquele momento em que minha mente inconsciente era visitada pelo sentimento recorrente de impotência e eu o afastava com a repetição de meu *mantra*. Imagine que a mente é um relógio dotado de uma chave que posiciona os ponteiros, apenas em três posições: a das *nove horas*, que representa a chegada do *sentimento de impotência*; a das *doze horas*, que representa um ponto neutro, quando o sentimento negativo é neutralizado; e a das *três horas*, que representa a hegemonia do mantra (ou de um pensamento positivo, ou de um simples sorriso), que instala o *processo de ressignificação*.

Cena a cena, observe a dinâmica ocorrendo na velocidade do pensamento. No instante da invasão do sentimento indesejável, o relógio indica que são nove horas.

Meu organismo reage de imediato, deixando-me desconfortável, e meu cérebro ordena a produção dos hormônios cortisol e adrenalina para que eu comece a sentir os sintomas costumeiros de aceleração dos batimentos cardíacos, sudorese e outros. Prevendo a invasão de minha mente, invoco o *mantra* e, assim, dou uma volta no ponteiro do relógio, que salta das nove horas para marcar doze horas, o ponto neutro. Esse é o momento em que o sentimento negativo é neutralizado pelo *mantra*, que agora começa a assumir o lugar de vencedor na arena do cérebro, fazendo saltar o ponteiro para as três horas: o horário em que tenho a mente vazia do *sentimento de impotência*, mas repleta de *mantra*, e sou inundado pelo *coquetel da felicidade*, preparado com os ingredientes hormonais *endorfina*, *serotonina*, *dopamina* e *ocitocina*, e agraciado com a sensação indescritível de bem-estar. A seguir, a ilustração desse relógio da ressignificação, para melhor compreensão do fenômeno.

Relógio da *ressignificação*

Quando o *sentimento de impotência* consegue manipular a mente de uma pessoa, ele a deixa incapaz de agir e de ter controle sobre si mesma e sobre as situações que se apresentam na vida.

A criação de um *mantra*

Qualquer pessoa pode criar o próprio *mantra*. Um *mantra* não precisa, necessariamente, ser uma frase, uma palavra; pode ser uma breve oração, como a criada há muito tempo pela sacerdotisa havaiana Morrnah Nalamaku, denominada *ho'oponopono*, termo que significa *corrigir um erro* ou *colocar em ordem perfeita*. Esse *mantra* se constitui de quatro frases simples: *sinto muito; me perdoe; eu te amo; eu sou grato*, para ser repetido dezenas de vezes, com o objetivo de substituir os pensamentos e sentimentos negativos pelos sentimentos da reconciliação e do perdão.

No entanto, um *mantra* também pode ser apenas um sorriso. Sim, sempre que o sentimento negativo lhe acorrer à mente e você trouxer, do íntimo, um sorriso de alegria, desde que o tenha combinado com seu cérebro, nesse instante ele dará prioridade a essa substituição. Além da nova função que lhe foi atribuída, o sorriso é uma expressão facial transformadora, capaz de unir pessoas ao seu redor, porque você se sentirá mais otimista, e essa condição visível contagiará quem estiver próximo.

Os sentimentos *de impotência, de rejeição* e *de não pertencimento* são muito nocivos a quem os cultiva, como você pôde constatar em nossas reflexões. No próximo capítulo, essas reflexões serão direcionadas ao *sentimento do egoísmo*, quarto e último sentimento negativo selecionado em nossas abordagens, o qual considero o mais corrosivo nas relações humanas. Ele é tão negativo que, a meu ver, assume a posição de maior destruidor de pessoas. Ele causa neuroses profundas, as quais corroem as bases da mente, adoecendo moral, física e psiquicamente suas vítimas. Seu potencial, ainda, afeta, de modo negativo, também aqueles sob a influência do egoísta.

Cada ser humano deste planeta é diferente do outro em termos biológicos, e é essa diferença que faz com que cada um de nós perceba o universo de maneira singular.

CAPÍTULO 3:
O SENTIMENTO DO EGOÍSMO

> *O egoísmo pessoal, o comodismo, a falta de generosidade, as pequenas cobardias[10] do quotidiano, tudo isto contribui para essa perniciosa forma de cegueira mental que consiste em estar no mundo e não ver o mundo, ou só ver dele o que, em cada momento, for susceptível de servir os nossos interesses.*
>
> José Saramago (1922-2010),
> Prêmio Nobel de Literatura de 1998,
> autor de *Ensaio sobre a cegueira*

O egoísmo é uma das mais importantes e determinantes variáveis de nossa vida. Repito que, se fosse posicionar esse sentimento em qualquer escala, diria que está no topo de uma pirâmide de sentimentos negativos como, potencialmente, o mais corrosivo para a condição humana. Trata-se de um sentimento que tem muitas facetas intrigantes e ardilosas. Não é difícil reconhecê-lo nos outros, mas nada fácil identificá-lo em nós mesmos. Sob seu império, queremos impor

---

10 O mesmo que covardias.

nossos desejos e interesses, não importando a necessidade dos outros. Perdemos a capacidade de sentir empatia. E essa é uma pulsão que surge e que pode ser alimentada desde a infância. O egoísta quer que sua vontade prevaleça sempre e acredita que não há nada errado com seus pensamentos.

Quando uma pessoa, por exemplo, ascende social e economicamente, tornando-se luminosa na comunidade, o egoísta não admite isso e se retorce de inveja – logo se imagina preterido em razão do outro. Esse é o ponto de partida de muitos ressentimentos, ganância e mesquinhez. É o que explica, ainda, a ambição desmedida daqueles que acumulam grandes riquezas, porém nunca se sentem ricos, e, não importando a idade, atiram-se à busca desenfreada por mais.

Para o egoísta, o mundo é apenas dele, e ele demonstra esse pensamento com atitudes cotidianas: quando à mesa, deixa à disposição mais alimento e bebida do que requer suas necessidades; não se preocupa em dar notícias aos familiares quando em viagem; não compartilha a promoção de um produto à venda nem o encosto de braço quando viaja em avião ou ônibus; desrespeita o uso de vagas especiais nos estacionamentos; no trabalho ou grupo social, omite informações importantes a todos; quer vencer, a todo custo, argumentações, sem ampliar os conhecimentos sobre o foco do tema discutido, desdenhando da inclusão de novos pontos de vista. Na realidade, como concluiu Alfred Adler,[11] esse comportamento de dominação e poder é apenas um desejo compensatório de superioridade que tem origem em um sentimento de inferioridade que lhe tortura a mente.

A necessidade e o antagonista do egoísmo

Se o sentimento do egoísmo é tão nocivo ao ser humano, será que a natureza errou ao permitir sua existência?

Não é bem assim. É preciso considerar que o egoísmo surge na infância como instinto que nos ajuda a nos defendermos de agressões como a desatenção, a atitude minimizante dos pais ou até do desamor deles e de seus cuidadores. Esses comportamentos adultos despertam na criança um sentimento de fragilidade e inferioridade acentuado; então, quando a criança sente o perigo que a rodeia, seu desejo de apenas querer sobreviver se transforma em um desejo de superioridade que logo toma a forma de um sentimento obsessivo chamado *egoísmo doentio*, que funcionará como escudo contra as hostilidades e se tornará cada vez mais endurecido com seu desenvolvimento.

---

[11] Psiquiatra e psicólogo austríaco (1870-1937), fundador da psicologia do desenvolvimento individual, criador da concepção do complexo de inferioridade e do desejo de poder.

Como se pode deduzir, a natureza fez o sentimento do egoísmo necessário à nossa sobrevivência durante nossos primeiros anos de vida. Dá para imaginar, assim, quão difícil é enfrentar e superar um inimigo mental com tamanho enraizamento e periculosidade. Contudo, do mesmo jeito que a natureza criou em nós esse sentimento, que deveria morrer logo após a infância, também criou outro para combater sua permanência: o do *amor*. Esse é o único antídoto efetivo contra o *sentimento do egoísmo*, e o carregamos desde o nascimento, como parte do propósito de nossa existência, porque só podemos ser felizes se expressarmos o *amor* em toda sua extensão. Refiro-me, obviamente, ao *amor* real, que não cobra, nada exige, apenas doa. Sentimento que pode ser expresso das mais variadas formas, como o da compaixão, o da solidariedade, o da empatia, o do altruísmo, o do perdão, o da gratidão e o da generosidade.

Apesar de o amor ser comumente eclipsado pelo *sentimento do egoísmo*, a ponto de ser esquecido, a natureza nos deu uma nova oportunidade de resgatá-lo e de voltar a expressá-lo mediante seu reaprendizado. Foi um longo caminho percorrido por nossa evolução até nos darmos conta dessa possibilidade; uma longa história psíquica encenada até a reconstrução desse sentimento. E tudo começou com uma titânica contenda entre os sentimentos do egoísmo e do amor mostrando-se com as feições do sentimento da generosidade.

A batalha primordial entre o *sentimento do egoísmo* e o *sentimento da generosidade*

Agora, vou compartilhar com você como a ciência explica o processo evolutivo pelo qual passou o *sentimento do amor*, em forma de generosidade, até seu ressurgimento em nossa mente. Imaginemos um cenário que ocorre ainda nos primórdios da história humana, inspirado em outro proposto por Richard Dawkins, autor de *O gene egoísta*,[XIII] no qual aves são protagonistas que nos ajudam a explicar o *sentimento do altruísmo* em pessoas sem parentesco.

Lá nas lonjuras do centro-oeste africano, uma tribo primitiva é ameaçada por uma epidemia letal de uma espécie de piolho. Para diminuir o perigo de contaminação, os membros da tribo passam a se ajudar mutuamente, catando os insetos entranhados nos cabelos uns dos outros, e, nessa circunstância, três integrantes se destacam, sentados à sombra de um *maboqueiro*:[12] Druk, Trek e Urk. Druk retira os insetos da cabeça de Trek, que retribui a ajuda fazendo o mesmo na cabeça de Druk. Essa colaboração solidária freava a transmissão da doença. Mais tarde, Urk oferece sua cabeça para que Druk também a limpasse, e é prontamente atendido. No entanto, quando Druk pede a Urk que o livre dos piolhos,

---

[12] O maboqueiro (*Strychnos spinosa*) é uma árvore frutífera autóctone da África que produz um fruto sumarento chamado maboque.

Urk simplesmente recusa-se a fazê-lo. Com a recusa, Urk angariou vantagens, pois usaria o tempo livre para conseguir mais alimento e até parceiras de relacionamento. Além disso, deixara Druk exposto à epidemia e ao risco de morte, e, se isso acontecesse, teria um competidor a menos na dura luta pela sobrevivência na savana. Em resumo, Urk assumiu-se como o primeiro egoísta, e Druk, que agia por benevolência, tornou-se o primeiro generoso ingênuo. Contudo, foi nesse momento que a evolução começou a mover suas engrenagens. Trek, que sempre retribuía a generosidade de pegar piolhos na cabeça dos outros, o qual, portanto, igualmente a Druk, era um generoso ingênuo, dias depois se recusou a catar os insetos da cabeça de Urk, por se lembrar da trapaça feita com Druk. Com isso, tornou-se o primeiro generoso esperto e nos proporcionou um novo símbolo para entendermos a gênese das relações sociais contemporâneas.

 A realidade é que, de modo geral, somos generosos. Um bom exemplo é a atual pandemia de Covid-19, sob a qual nos ajudamos mutuamente ao usarmos máscaras, evitarmos aglomerações e doarmos alimentos àqueles que ficaram sem renda para sobrevivência. No entanto, há aqueles que, nesse contexto, não hesitam em expressar o *sentimento do egoísmo*, não se importando com a sorte dos outros, por exemplo: os que não usam máscaras e incentivam aglomerações que facilitam a disseminação do vírus, muitas vezes por estarem imunes; os que se mantêm indiferentes à fome das pessoas sem renda; e até os que, de algum modo, tiram proveito da situação. Você deve estar se perguntando: essa evolução não criou nenhuma barreira às investidas do egoísta contra o generoso? Criou, sim, e Trek nos ensinou isso.

A evolução dos sentimentos dotou o generoso de uma arma eficaz contra o egoísta na forma do *sentimento da repulsa*, que tem o potencial de criar na mente do egoísta os sentimentos de culpa e vergonha, que podem afetar seus negócios, embora não afete, permanentemente, seu comportamento. E mais: para se contrapor, de frente, ao *sentimento do egoísmo*, a evolução fortalece no generoso o desejo de ajudar o próximo com o *sentimento da empatia*, prática de se colocar no lugar do outro. Claro, o egoísta, em sua desfaçatez, pode simular amizade e até generosidade para alcançar seus intentos. Mas a evolução, em defesa do generoso, fez brotar os sentimentos de confiança e desconfiança, que ajudam a frear a hipocrisia.

Os primeiros passos do egoísmo na mente humana

Imagine a seguinte cena: o bebê grita desesperadamente, porque algo o incomoda. Tem fome? Tem sede? Sente calor ou frio? Sente dor? O alarme estridente só vai parar quando suas exigências forem atendidas.

Apesar de o amor ser comumente eclipsado pelo *sentimento do egoísmo*, a ponto de ser esquecido, a natureza nos deu uma nova oportunidade de resgatá-lo e de voltar a expressá-lo mediante seu reaprendizado.

O bebê é um egoísta, pois, para ele, o mundo é só ele e dele. Todavia, há um detalhe: esse egoísmo é um recurso para sua sobrevivência. Ele precisa ser alimentado, saciado em sua sede, confortado, protegido. O recurso que o ajuda no provimento dessas necessidades é fruto de uma longa jornada evolutiva, que começou há alguns milhões de anos.

Nos primeiros seis anos de vida do ser humano, o egoísmo precoce vai se exacerbar ainda mais. A criança que não tem os desejos realizados começa a apresentar ataques habituais de teimosia, e a frequência dessas birras gradua a extensão de seu egoísmo e varia em manifestações. Ela começa a sentir ciúme (tipo de egoísmo) de todos os que se aproximam do que julga ser propriedade sua, como o pai, a mãe, os brinquedos, os quais, em hipótese nenhuma, aceita dividir com um coleguinha. Trata-se de uma fase complicada para os pais e que, no entanto, segundo os cientistas, é importante para o amadurecimento da criança e para a formação de sua personalidade. O psicólogo Yves de La Taille[13] tranquiliza os pais: "com o passar dos anos, por meio das ex-

---

[13] Professor do Instituto de Psicologia da Universidade de São Paulo (USP), especialista em desenvolvimento moral. Ver mais em: MENEGUEÇO, B. Seu filho acha que tudo é dele? Saiba como lidar com isso. **Revista Crescer**, abr. 2013. Disponível em: https://revistacrescer.globo.com/Revista/Crescer/0,,EMI321904-15046,00-SEU+FILHO+ACHA+QUE+TUDO+E+DELE+SAIBA+COMO+LIDAR+COM+ISSO.html. Acesso em: 8 jun. 2022.

periências, a própria criança perceberá que não dá para viver sozinha e, aos poucos, aprenderá a compartilhar".

O *sentimento do egoísmo* instala-se na mente humana antes do nascimento, na fase intrauterina,[XIV] quando atitudes, pensamentos, emoções e sentimentos dos pais são absorvidos pelo bebê, influenciando sua formação e seu desenvolvimento. Após o nascimento, a criança continuará a absorver, como uma esponja, as lições que os pais lhe transmitem com ou sem palavras. Se for alvo de tratamento amoroso em suas necessidades, muito provavelmente responderá a isso com comportamento dócil. Um sentimento de aceitação substituirá o sentimento egoístico; o amor acalmará sua ânsia de compensações. Ela aprenderá a externar o sentimento amoroso, dissolvendo, assim, as conexões neurônicas correspondentes ao sentimento negativo. Em contrapartida, a criança que não é contemplada com tratamento amoroso por parte dos pais tende a seguir por toda a vida aprisionada na fase infantil, gritando, xingando e exigindo ser alimentada, saciada, confortada e protegida das intempéries da vida. Será o adulto queixoso a reclamar que o mundo não lhe dá o suficiente para se sentir feliz, em perene realimentação de seus sentimentos egoísticos.

A ilusão do poder na mente egoísta

Numa relação amorosa, por exemplo, o desejo de posse habitará a mente do egoísta como um sentimento de ciúme doentio, e, em consequência, ele se julgará dono da(o) parceira(o), impondo-lhe exigências descabidas. O potencial de danos será ainda maior se esse indivíduo, eventualmente, assumir um cargo que lhe atribua poderes, a exemplo de gerentes, coordenadores ou diretores de empresas que nunca param para ouvir; que o tempo todo emitem opiniões negativas, de modo a brilhar sozinhos e a impor seus desejos à equipe. Quantas pessoas nessa situação já chegaram ao posto de magistrados, chefes de Estado, ministros, secretários, subsecretários e até à governança de seus países. No entanto, não conseguem reconhecer em si seu comportamento egoístico, tornando-se um perigo extremo para a vida de milhões de pessoas.

O autorreconhecimento do egoísmo é, de fato, uma atitude muito difícil de ser levada adiante. Ninguém quer admitir que abriga e cultiva um sentimento tão abominado pela filosofia, pela religião e, sobretudo, pela ética. Além disso, um indivíduo tomado pelo egoísmo está emocionalmente doente e nem sempre tem consciência de seu estado. O egoísmo torna seu mundo desagradável e insuportável, deixa-o frustrado ante o bem-estar do próximo e lhe tira o bom senso na avaliação de todos os eventos da vida. Quando não alcança seus objetivos, sua resposta é sempre hostilidade, mau humor, atribuição de culpa a terceiros e, não raro, depressão. Todos esses mecanismos de fuga são aprendidos ainda na infância, e a pessoa apenas os amplia quando se torna adulta. Não há muita diferença entre a pirraça de uma criança para ganhar um brinquedo e a turra de um adulto egoísta que quer impor sua vontade. O ardil é que o egoísmo é um sentimento camaleônico, que se disfarça muito bem em algumas situações.

As mil faces do egoísmo

Assim como o sentimento do amor pode se incorporar nos sentimentos da compaixão, da solidariedade, da empatia, do altruísmo, do perdão, da gratidão e da generosidade, o sentimento do egoísmo pode surgir dissimulado na roupagem do sentimento da *autopiedade*, quando, por exemplo, o indivíduo se depara com o *não* de uma pessoa estimada ou com a desatenção por quem ele julga a merecer. Pode surgir configurado em *narcisismo*, quando a pessoa nutre um amor exacerbado por si mesma ou por sua imagem, ou quando se julga tão merecedora de benesses que não lhe cabe agradecer as generosidades recebidas. Pode emergir, ainda, com o rosto do *comodismo*, quando a pessoa se faz oportunista e busca o desfrute de uma situação já consolidada por outros, recusando-se a operar e a mudar sua vida; e, por último, pode ocultar-se na *hipocrisia*, o velho jogo de aparências que esconde defeitos e simula qualidades inexistentes. Um bom exemplo, nesse caso, é o hipócrita adúltero que se torna juiz rigoroso daqueles que cometeram traições. O egoísta hipócrita é uma espécie de ator. Aliás, a palavra *hipocrisia*[XV] tem origem no latim *hypocrisis* e no grego *hupokrisis*, e ambos significam a encenação de um ator.

    Há vários outros sentimentos e atitudes que são formas diferentes do sentimento egoístico, a exemplo da *autojustificação*, da *autodecepção*, do *ciúme*, da *inveja*, da *intolerância*, da *indiferença*, da *impaciência*, do *ressentimento*, da *presunção*, do *preconceito*, do *falso pertencimento a uma casta superior*, do *pretenso sentimento de nobreza*. Mas vamos deixar claro: uma pessoa tomada pelo *sentimento do egoísmo* pensa apenas em tirar vantagem de outras e não demonstra nenhum constrangimento. Por exemplo: a câmera de um supermercado flagrou uma mulher com uma pequena sacola de pães nas mãos pedindo à outra, na fila do caixa, que lhe desse a vez. Com a permissão concedida, a mulher dos pães chamou o marido para tomar o lugar na fila, trazendo seu carrinho abarrotado de compras. Um egoísta pode ter a tendência ao parasitismo, pois vive sugando dos outros os benefícios dos quais precisa. A verdade é que uma pessoa tomada pelo *sentimento do egoísmo* não doa, só quer receber; não pratica a reciprocidade; não nutre os sentimentos da generosidade e da empatia por quem quer que seja. Por egoísmo, rebela-se contra as normas sociais e aqueles que a rodeiam, pois quase sempre exige a prevalência de sua vontade.

O egoísmo torna seu mundo desagradável e insuportável, deixa-o frustrado ante o bem-estar do próximo e lhe tira o bom senso na avaliação de todos os eventos da vida.

A compulsão do TER

Você poderia me questionar se a vontade compulsiva de adquirir bens apenas para ostentação seria uma característica do egoísta. E eu diria que sim. A pessoa egoísta é, em geral, ávida e insaciável por possuir bens materiais que vão além de suas necessidades. Tem desejo doentio, por exemplo, de colecionar sapatos, gravatas, ternos, bolsas, vestidos, e, não raro, compra tão compulsivamente que demora a usar o que comprou, quando não o esquece nos armários lotados; utiliza o cartão de crédito muito além do limite contratado, só para TER o que não pode, não se preocupando com a dívida futura, desde que possa exibir às pessoas ao redor o seu troféu de ostentação. Todavia, o resultado para os que participam desse culto às posses é o mal-estar e o medo. Medo de perder o que acumulou, o que lhe traria um sentimento de derrota e fragilidade. É o domínio da insegurança, e não poderia ser diferente quando se privilegia o TER em detrimento do SER. Ao egoísta falta a habilidade de equilibrar esses dois requerimentos da condição humana: TER e SER. E ele não distingue que o TER é fundamental, e o SER, essencial, princípio a ser observado por todos nós.

Todos os sentimentos são inerentes à condição humana, assim como a compulsão do TER. Não estamos falando apenas daqueles que podem adquirir e acumular bens, sejam perfumes, sapatos ou roupas. Estes, na realidade, são a minoria. As pessoas mais desprovidas têm coisas às quais são apegadas e, igual aos mais abastados, querem ter mais, apesar das dificuldades em adquirir coisas. O psicanalista alemão Erich Fromm, autor do livro *Ter ou ser?*,[XVI] afirmou que talvez a maior satisfação não resida no fato de possuir bens materiais, mas de possuir seres vivos. Em uma sociedade regida por um sistema sociopolítico no qual a maioria dos homens detém poder, até o mais pobre deles pode se sentir *proprietário* da esposa, dos filhos e dos animais. O egoísmo que se deleita com a ostentação da posse ou o domínio sobre pessoas, nesse caso, não é diverso do daquele que acumula e exibe coisas.

A necessidade do SER

Existe lugar para o SER em nossa sociedade materialista e consumidora voraz? Conforme foi possível observar, uma sociedade cuja prioridade é a posse de bens materiais é uma sociedade do TER; contudo, há, sim, lugar para a expressão do SER. Todavia, essa presença depende de uma mudança comportamental individual e coletiva. É algo difícil de ser implementado, mas lembre-se: nascemos com um propósito de amor e de bondade, proporcionado a nós pelo processo evolutivo, para sermos felizes e prósperos, sem necessidade de ambição ou compulsão.

A história de Francisco

Você deve ter constatado que o *sentimento do egoísmo* é um destruidor da alma humana. Se fôssemos pensar nos efeitos mais nocivos desse sentimento, eu os classificaria em dois níveis: no *primeiro*, ele atua contra o próprio egoísta; no *segundo*, contra as pessoas que estão sob sua influência direta e indireta. Isso me faz lembrar da história de Francisco, um empresário de Guaxupé.

Francisco iniciou seu comércio de venda de parafusos e de materiais correlatos com uma pequena loja, de porta única. Após algum tempo, ampliou o negócio e alugou uma casa maior, com várias portas, e contratou funcionários. Logo migrou para a área de materiais de construção, expandiu ainda mais, comprou a casa que havia alugado e a vizinha e aumentou a quantidade de colaboradores. Em poucos anos, tornara-se um grande empresário, respeitado e requisitado socialmente. No entanto, algo chamava a atenção quando se observavam suas atitudes e seus comportamentos na empreitada de vida. Francisco queria crescer mais, ganhar mais, aumentar os lucros – o que não é em si um problema –, mas não se importava com os meios. Para espanto dos funcionários, passou a fraudar, comprando e revendendo mercadorias com pequenos defeitos e de menor valor para incrementar os ganhos. Adulterava a balança da loja em benefício próprio, explorava os colaboradores. Além disso, planejava ter muitas lojas para sufocar a concorrência. O lucro aumentava a cada dia, mas Francisco nunca estava satisfeito. Não havia limites para sua ganância.

Um egoísta pode ter a tendência ao parasitismo, pois vive sugando dos outros os benefícios dos quais precisa.

Por causa do comportamento doentio, Francisco não demorou a ficar irritadiço e a travar discussões ásperas com as pessoas do entorno. Depois, descuidou-se das obrigações e trincou o relacionamento com a esposa e os filhos. Por fim, retraiu-se e ficou sozinho. Um medo irracional tomou-lhe conta da mente, enquanto dele se afastavam a esposa, os filhos e os amigos, que não mais suportavam sua soberba e mesquinhez. Os melhores funcionários pediram demissão, os clientes se foram, os negócios minguaram. Em sua solidão, restou a Francisco passar o tempo entre um copo e outro de álcool, perguntando-se o que havia acontecido. O diagnóstico é que fora vítima dos efeitos tóxicos do *sentimento do egoísmo*. E você deve estar se perguntando: há como se curar de uma tragédia igual a essa?

A resposta é sim. E essa possibilidade é comprovada por uma experiência exitosa de um programa estadunidense de recuperação de pessoas com distúrbios emocionais, o conhecido Neuróticos Anônimos (NA).[XVII] Fundamentado na prática do programa de recuperação Alcoólicos Anônimos (AA), propagado em todo o mundo, o NA tem como único objetivo a supressão do *sentimento do egoísmo*, diagnosticado como a causa principal de doenças mentais. Seu método terapêutico consiste exatamente na *ressignificação de sentimentos*; no caso, a substituição do egoísmo pelo amor.

Francisco dá a volta por cima

Então Francisco poderia ser curado de sua neurose? Totalmente. Na realidade, curou-se! Permita-me retomar a história desse empresário. No fundo, Francisco não compreendia ou não queria admitir que fora o egoísmo que afetara suas relações humanas. E assim continuou até que um dia, à mesa de um bar, encontrou um dos raros amigos remanescentes que lhe acendeu o sinal de alerta, uma vez que já vivera situação semelhante. O amigo relatou sua via-crúcis e revelou que, graças ao programa dos NA, conseguiu sair do infortúnio e reencontrar a alegria de viver. Cético, mas tocado no coração, Francisco relutou por muito tempo, até decidir participar de uma reunião em um grupo dos NA. E o que lá presenciou, para sua decepção, não operou a mágica. Os depoimentos que ouviu, relatos de trajetórias parecidas com as suas, não ressoaram em sua consciência. Ele ainda não havia se dado conta de que o egoísmo corroera sua vida e creditava aos outros o desmoronamento de seus sonhos. Somente com a insistência do amigo continuou frequentando as reuniões. Essa perseverança lhe trouxe, afinal, a grande compensação. Certo dia, ao ouvir o relato de um novo integrante do grupo, pela primeira vez lhe caíram as fichas. Parecia estar diante da própria história! Reconhecia-se como personagem daquela narrativa. Então, como se repentinamente uma catarata lhe fosse retirada dos olhos, Francisco enxergou que, de fato, fora egocêntrico, soberbo, frio, exigente e ganancioso, e que a raiz de seus males estava em sua postura egoística. O processo de cura fora deflagrado, pois reconhecer que estava doente fora um grande passo, mas apenas isso não era o suficiente para resgatar sua vida.

Francisco perguntava-se como escalaria até a borda as paredes lisas de um poço tão profundo, tendo sobre os ombros a carga dos sentimentos negativos que o sugara para baixo. Não é fácil encontrar o método para sair de nossas dificuldades quando estamos imersos em uma mente confusa e golpeada pela culpa. O tempo, o treino, a fé e a resiliência são indispensáveis para levarmos o intento adiante. E foi assim que, persistindo no propósito, Francisco percebeu que não havia paredes íngremes, mas degraus, os doze degraus do método NA,[14] comprovadamente eficazes na jornada de volta à vida saudável. São passos sugeridos (cada um deles dependendo de uma condicionante), por onde se dá a

---

[14] Os doze passos do programa Neuróticos Anônimos: admitir a impotência perante os sentimentos (e as emoções); crença em um Poder Superior para devolução da sanidade; entregar a própria vontade a esse Poder; admitir as próprias falhas; permitir a esse Poder a remoção dessas falhas; elaborar um inventário delas; rogar ao Poder a libertação das próprias imperfeições; reparar danos causados a terceiros; reparar os danos, desde que não prejudiquem outrem; na elaboração do inventário moral, admitir eventuais erros; orar e meditar para intensificar o contato com o Poder Superior; transmitir os resultados do obtido despertar espiritual a outros enfermos e praticar esses princípios na vida cotidiana.

caminhada da *ressignificação* do *sentimento do egoísmo*, de modo que se consolide a capacidade de amar. Ao aceitá-los e cumpri-los, firme no credo de que um Poder Superior (parte da crença que une os que se autoajudam nos NA) lhe ajudaria a reencontrar a sanidade, Francisco avançou na desconstrução de seu infortúnio.

Passo a passo, a crença na cura assegurava a Francisco a energia necessária para seguir em frente. Em seguida, o empresário deu um passo imprescindível à ressignificação de seu egoísmo ao procurar as pessoas às quais tantos danos causara. Buscou a família, que o ouviu, mesmo não lhe dando crédito, em princípio; reuniu os funcionários remanescentes, ainda incrédulos, para falar-lhes sobre novos rumos e parcerias; reformou as lojas para dar conforto aos clientes; descentralizou a gestão. Não seria fácil chegar ao último degrau, mas Francisco insistiu. Aos poucos, percebera de que sua autoestima se elevara. Voltou a abraçar as pessoas e a expressar afeto aos amigos. Reconquistou o respeito e o carinho da família. A culpa, a vergonha e o remorso deram lugar a sentimentos positivos.

Francisco não sabia, mas em seu cérebro as conexões neurais do *sentimento do egoísmo* se desfaziam e abria-se espaço para a cristalização de novas conexões, correspondentes aos sentimentos antagônicos ao egoísmo, à magia da *ressignificação*.

A lapidação do *sentimento do amor*

Peço-lhe perdão, mas não consigo resistir à tentação de construir uma metáfora com o aprendizado do *sentimento do amor* e a lapidação de diamantes. Assim como desconhecia que seus novos pensamentos e comportamentos cristalizavam novas conexões neurais, Francisco também não sabia que acabara de garimpar na mina escura da mente um kimberlito, rocha vulcânica formada de minerais de ilmenita, diopsídio, cromita e outros, em meio aos quais está presente o cristal do diamante.

Para retirá-lo dali, sem que sofra qualquer mácula, é preciso paciência, foco, força de vontade e resiliência. Do mesmo modo, na pedra bruta dos sentimentos, repleta dos *minerais* da generosidade, da gratidão, do respeito, da compaixão e do perdão, pouco a pouco Francisco foi visualizando o sentimento mais cintilante daquele emaranhado que se formava: o amor. Com o cristal totalmente descoberto, ele o lapidou como a um diamante, dia após dia, até transformá-lo na gema de um sentimento puro e estável.

Por certo, Francisco, ao lapidar o *sentimento do amor*, descobriu que, para se sentir feliz de verdade, ele também precisava ser alvo da doação de amor dos outros, e que isso só seria possível se, antes, se tornasse doador. A prática o levou ao hábito, e este, à conquista. Francisco retomou sua vida, vivendo-a agora com leveza. Não mais a ânsia da cobiça e da acumulação; não mais a indiferença do *sentimento do egoísmo*. No último dos doze degraus, recebera o banho da luz que tanto buscara e, como propósito permanente, começou a cumprir a condicionante para permanecer na claridade: transmitir os resultados do despertar espiritual a outros enfermos; praticar os princípios diariamente, num hábito positivo, sob a luz da expressão do amor. Essa variável do hábito é tão determinante para nossa condição humana que nos obrigamos a tomá-la como tema do próximo capítulo.

Ao egoísta falta a habilidade de equilibrar esses dois requerimentos da condição humana: TER e SER. E ele não distingue que o TER é fundamental, e o SER, essencial, princípio a ser observado por todos nós.

CAPÍTULO 4
A FUNÇÃO MENTAL DO HÁBITO

> *Somos o que repetidamente fazemos. A excelência, portanto, não é um efeito, mas um hábito.*
>
> Aristóteles (384 a.C.-322 a.C.), filósofo grego de Estagira, na Grécia Antiga, fundador da lógica formal. Pioneiro da zoologia e autor de *História dos animais*

A psicologia define o hábito como uma função psíquica do cérebro, um tipo de comportamento e uma forma de aprendizagem. Quando era criança, sua mãe precisava lembrar a você que tomasse banho, lavasse as mãos ou escovasse os dentes. Com o tempo, essas tarefas, de tão repetidas, tornaram-se instintivas, e sua mãe livrou-se dessa missão. Agora, adulto, você realiza essas ações de maneira automática, ou seja, elas viraram hábito. O hábito encastela-se na mente inconsciente.

Um dia desses, fui ao supermercado. Chegando lá, estacionei o carro e me dirigi à loja. Na volta, não sabia onde eu o estacionara. Por que isso aconteceu? Porque, quando cheguei, estava sob domínio de minha mente inconsciente. Agira por hábito, não de maneira consciente; o inconsciente comandava meu corpo.

Não se trata de uma singularidade. Você se lembra de quando começou a aprender a dirigir? Era tudo muito complicado, não? Era difícil usar os pedais da embreagem, do acelerador e do freio no tempo certo e, mais ainda, controlar a velocidade e manter o ouvido atento às buzinas. Entretanto, apesar de tantas dificuldades, com o tempo, essas ações ficaram gravadas em sua mente inconsciente, e hoje você consegue realizar todas elas enquanto conversa com um amigo, até, por fim, chegar ao estacionamento e se perguntar, surpreso: como cheguei até aqui? O hábito de dirigir está consolidado.

A história da evolução dos nossos hábitos nos diz que, por trás deles, existe um propósito. Você bem sabe que a natureza sempre está buscando um meio de economizar energia. Os hábitos são criados para que economizemos energia. Nossa sobrevivência também depende deles, que liberam nossa mente para pensar e atuar em outras atividades. Era assim com nossos ancestrais na Pré-História. Eles não precisavam pensar em cada passo que davam enquanto caçavam na floresta ou na savana. Sabiam, pelo hábito de tanto percorrê-los, os desvios e atalhos do caminho, e assim poupavam energia para a vigilância perante os perigos que os rodeavam. Portanto, podemos afirmar que o hábito é uma função psíquica e um padrão comportamental que fazem parte da rotina de nossa mente desde tempos imemoriais.

O hábito como padrão de comportamento que molda a condição humana

Esse comportamento é uma variável tão determinante na jornada humana que o filósofo e psicólogo estadunidense William James afirmou que "a nossa vida, na medida em que tem forma definida, não é nada além de uma massa de hábitos".[XVIII, XIX]

Uma vez que um bom ou mau hábito começou a ser estabelecido, é muito difícil mudá-lo; no entanto, apesar da dificuldade, é possível, sim, mudá-lo.

Atualmente, graças ao desenvolvimento da neurociência, sabemos que um hábito é resultante de nossos pensamentos, e que os pensamentos são representados no cérebro por conexões neurais passíveis de serem substituídas. Logo, um hábito pode ser substituído. Vamos usar como exemplo o que foi dito sobre o hábito de roer unhas, um tormento na vida de minha amiga Antônia.

Esse hábito é desenvolvido por quase 30% da população,[15] independentemente do sexo e da idade. Tão marcante é sua presença entre nós que o autor estadunidense Charles Duhigg fez referência a ele na obra *O poder do hábito*.[XX] Cientificamente denominado

---

[15] ONICOFAGIA: hábito de roer as unhas pode ser sinal de ansiedade e outros transtornos. **Hospital São Matheus**, 30 nov. 2018. Disponível em: http://hospitalsaomatheus.com.br/blog/onicofagia-habito-de-roer-as-unhas-pode-ser-sinal-de-ansiedade-e-outros-transtornos. Acesso em: 9 jun. 2022.

onicofagia,[16] não se trata de um distúrbio, mas de um sintoma de que algo afeta a mente, seja ansiedade, insegurança, angústia e outros sentimentos negativos.

    Minha amiga Antônia procura esconder as mãos, porém já tive a oportunidade de ver seus dedos machucados e suas unhas deformadas. Parece grave esse hábito. Na realidade, todo mau hábito tem consequências negativas: o de fumar tem potencial de causar câncer, infarto e acidente vascular cerebral; o do sedentarismo, combinado com maus hábitos alimentares, pode levar à depressão e à obesidade; e o de roer unhas também tem seus resultados nefastos, pois pode provocar contaminação bacteriana, infecções bucais e até lesões nos tecidos que envolvem os dentes. Diante desses efeitos tão lesivos, você deve estar se questionando: o que leva uma pessoa ao estranho hábito de roer as unhas? Para responder a essa questão, precisamos entender um modelo conceitual básico que explica o funcionamento e a criação de um hábito, elaborado por Charles Duhigg.

---

[16] Vocábulo com origem no grego *onux*, que significa "unha", acrescido de *phagein*, que significa "comer".

Uma vez que um bom ou mau hábito começou a ser estabelecido, é muito difícil mudá-lo; no entanto, apesar da dificuldade, é possível, sim, mudá-lo.

O hábito encastela-se na mente inconsciente.

Como nasce um hábito?

De acordo com Duhigg, todo hábito se constitui de três etapas: uma **deixa**[17] (estímulo ou motivação), uma **rotina** (repetição de um gesto ou recorrência emocional, por exemplo) e uma **recompensa** (satisfação que o cérebro memoriza). Examinando o hábito de dirigir, observamos que ele contém essa tríade de etapas: necessidade de deslocamento (**deixa**); automatização do processo de dirigir (**rotina**); prazer de ir e vir rapidamente (**recompensa**).

Já uma pessoa com o hábito da onicofagia, de modo geral, tem certa sensação de aperto na junção da unha com a pele (que os anatomistas chamam de prega ungueal proximal) que atrai sua atenção; na sequência, ela procura alguma saliência pontiaguda nas unhas e, quando a encontra, por menor que seja, de imediato a leva à boca para retirá-la com os dentes, e, na ânsia de livrar-se do incômodo, faz isso com todos os dedos. Enquanto não mordisca todas as unhas não se sente satisfeita, e, quando por fim carcome todas elas, é tomada por uma sensação prazerosa de plenitude. Eis aí a recompensa do hábito. A partir de então, instala-se o desejo do estímulo, a ânsia

---

[17] *Deixa*: ação ou enunciado que permite ou facilita uma reação. Para deflagrar-se um hábito, há necessidade de um estímulo, que pode ser visual em um comercial, uma lembrança, um perfume, uma sensação, um som ou um toque, entre muitos outros.

pela deixa, e assim se fecha o círculo do hábito de roer unhas; um hábito que nasceu e se instalou na mente de Antônia. Resta saber se é possível extirpá-lo lá de dentro.

Como mudar um hábito

Você já sabe que um hábito também é vulnerável a mudanças nas conexões neurais que lhe correspondem. Não nos esqueçamos da **neuroplasticidade do cérebro**. Quando a rotina do hábito se instala em nossa mente inconsciente, neurônios se conectam uns aos outros para formar a base física (a conexão neural) correspondente.

Se Antônia quer deixar de roer unhas, precisa tirar o foco dessa rotina e apontá-lo para outro alvo, desfazendo, assim, as conexões que sustentam o hábito, enquanto constrói outras correspondentes ao seu projeto. Para isso, sua força de vontade consciente terá de fazer frente à vontade da mente inconsciente.

Várias são as atitudes que ela pode tomar para substituir a rotina de roer unhas por um novo hábito e uma nova conexão neural. Por exemplo, criar um mantra para invocar sempre que a **deixa** do aperto na borda da unha se manifestar. E, complementando, mascar um chiclete nesses momentos; ou esconder as mãos (nos bolsos), ou utilizá-las em alguma tarefa (fazer anotações de quantas vezes ao dia não dominou o hábito e de quantas conseguiu contê-lo). Com essas atitudes, Antônia criará uma nova deixa.

Os bons hábitos só lhe darão prazer e satisfação depois de consolidados, e, para isso, é necessário empenho, disciplina, fé, determinação, força de vontade e resiliência de sua parte.

O que estou descrevendo é a aplicação da regra de ouro da mudança de hábito preconizada por Duhigg, assim enfatizada por ele próprio: "se você usa a mesma deixa e fornece a mesma recompensa, pode trocar a rotina e alterar o hábito".[xx] Quase todos os comportamentos podem ser transformados se a **deixa** e a **recompensa** permanecerem as mesmas. Se Antônia fizer desse jeito, no cérebro dela não mais haverá as conexões neurais correspondentes ao ato de roer unhas. É óbvio que, para isso acontecer, ela precisará estar determinada a cumprir as ações concorrentes e imbuída de **força de vontade** e **resiliência**.

A força de vontade e a resiliência

Os bons hábitos só lhe darão prazer e satisfação depois de consolidados, e, para isso, é necessário empenho, disciplina, fé, determinação, força de vontade e resiliência de sua parte. Faço aqui uma breve pausa apenas para fazer uma diferenciação entre esses dois sentimentos: **força de vontade** e **resiliência**, associados a resultados positivos. Eles não significam a mesma coisa e estão entre aqueles sentimentos condicionantes para adquirir um hábito.

A **força de vontade**, conforme a psicologia, "é a capacidade que tem uma pessoa de adiar a recompensa resistindo às tentações de curto prazo, a fim de cumprir metas de longo prazo; e de anular um pensamento, sentimento ou impulso indesejado".

O sentimento da força de vontade promove na pessoa as condições para ela realizar mudanças comportamentais positivas e duradouras; é uma energia eruptiva que nasce no interior para ela continuar avançando até alcançar suas metas e seus objetivos na vida. Para exemplificar, diariamente, todos nós experimentamos a presença da força de vontade em nossas ações e atitudes, seja ao escolher comer uma salada de verduras ou um sanduíche suculento, comer uma fruta ou um pote de doce de leite, saltar da cama cedinho para caminhar ou permanecer nela para dormir mais um pouquinho.

Agora falemos do **sentimento de resiliência**. Esse é um termo que a psicologia tomou emprestado da física, que o define como "a qualidade de resistência de um material ao choque, à tensão, à pressão, a qual lhe permite voltar, sempre que é forçado ou violentado, à sua forma ou posição inicial – por exemplo, uma barra de ferro, uma mola, um elástico, etc.".[XXI] Nessa correlação, diz-se que o sentimento de resiliência é a capacidade que uma pessoa tem de enfrentar e superar as adversidades; de enfrentar e superar traumas, perdas, crises, mudanças, pressões de toda ordem, e aprender com esses desafios, adaptando-se e utilizando a criatividade para encontrar soluções opcionais. Uma pessoa resiliente consegue transformar experiências negativas em aprendizado. Podemos afirmar, ainda, que a pessoa com tal comportamento alcança, em geral, sucesso na vida, o qual resulta do aprendizado de suas quedas e derrotas. E mais: com a expressão da resiliência, ela se torna mais proativa e feliz.

A decisão de transformar atitude em hábito

Fiz essa afirmação fundamentado no fato de que o poder da **resiliência** deve ser alimentado pela **força de vontade**; portanto, quanto maior for a força de vontade, mais intensidade terá o sentimento de resiliência.

Tomemos como exemplo o hábito de acordar cedo e caminhar. O que deflagra e sustenta a decisão de ficar mais uma hora na cama ou caminhar é o modo como você se conecta com o exercício físico. Se você encara a caminhada um desconforto, esse julgamento o fará se desconectar do prazer de caminhar. No entanto, se a considera uma base de vida saudável, por certo dará o primeiro passo para ficar motivado a livrar-se do comodismo e do sedentarismo. Logo, o segredo para criar bons hábitos é não considerar o processo uma obrigação exaustiva ou um desconforto. Basta pensar aonde ele levará você no futuro.

Uma pessoa resiliente consegue transformar experiências negativas em aprendizado.

A mesma condição é válida para os hábitos de higiene, de alimentação, de cumprimento de horários, de planejamento de vida, de escuta, de fala. Conheci pessoas que estavam desconfortáveis com seus hábitos alimentares, mas não decidiam mudá-los; outras em situação semelhante decidiram pela mudança e perseveraram, alcançando ótimos resultados. Conheci alunos que não conseguiam sucesso nos estudos por entenderem suas tarefas obrigações dolorosas; quando, por fim, eles focaram a recompensa do prazer e as conquistas futuras, a disciplina, a força de vontade e a resiliência, e avançaram para suas metas.

Reformando comportamentos por meio de um pequeno hábito

Antes da transformação, entretanto, é preciso entender que há hábitos bons, hábitos ruins e hábitos que, apesar da pequenez, têm o poder de deflagrar uma reação em cadeia e, assim, reformar comportamentos e estimular processos inovadores que transformam a vida: são os **hábitos angulares**, ou seja, os hábitos que alteram outros hábitos. Um hábito angular alicerça-se na identificação de prioridades para convertê-las em catapultas de processos.

No livro *Eu sou, eu posso!*, exemplificamos um hábito angular com um projeto que elaboramos durante o período de avaliação da Faculdade União Paulista de

Educação e Cultura (UNIPEC) para transformação na Universidade Potiguar (UnP). Estávamos preparados para implantar um novo modelo de gestão e sabíamos que essa enfrentaríamos correntes contrárias em razão do impacto que causaria em pensamentos e hábitos há muito sedimentados. Precisávamos de um projeto que mexesse com as antigas estruturas e comportamentos, que criasse novos hábitos e sepultasse outros, antigos e nocivos. Ao mesmo tempo, esse projeto precisaria da concordância e da participação de toda a comunidade, que deveria enxergá-lo como uma iniciativa necessária e merecedora do engajamento de todos. Queríamos um projeto que, depois de materializado, fosse exemplo da capacidade coletiva da instituição de levar adiante quaisquer novos empreendimentos. Para tanto, as palavras de ordem seriam resiliência e força de vontade.

Tudo começou com a consciência de que, como toda escola no Brasil, a nossa também não era um ambiente limpo e aprazível: as salas de aula tinham paredes e carteiras rabiscadas, papéis usados no chão, e os banheiros exalavam odores insuportáveis. Aceitar e manter esse cenário como algo comum e normal transformara-se em um hábito que precisávamos eliminar. O ponto de partida de muitas mudanças era criar o hábito de manter a escola limpa e agradável. Esse seria um hábito angular. Para implementá-lo, realizamos uma pesquisa e constatamos que a maioria da comunidade o aprovava, apesar de outros não acreditarem na possibilidade de sucesso. Enganaram-se. Com o engajamento coletivo e consciente de todos (funcionários, professores, coordenadores de curso, líderes de classe, centro acadêmico), em poucos anos conseguimos substituir o hábito de conviver em um local inóspito por outro hábito de contribuir para manter o ambiente limpo e saudável. Deu-se uma verdadeira revolução comportamental com uma mudança simples: todos os ambientes da instituição apresentavam-se completamente limpos, e assim permaneceram com a contínua vigilância de todos. O hábito angular trouxe consigo o sentimento de que, se tivemos sucesso com sua implantação, também poderíamos realizar mudanças de grande vulto, incluindo um novo e heterodoxo tipo de gestão. E foi o que aconteceu.

Os hábitos angulares estão presentes na vida cotidiana. O exercício físico, por exemplo, é um deles. A prática de atividade física regular muda por completo nossos comportamentos, os quais não estão sequer relacionados a ela. Esse hábito muda comportamentos alimentares e nossos horários de descanso, melhorando a qualidade do sono, além de diminuir vícios e níveis de estresse. O hábito da leitura também é angular, pois é capaz de desencadear reações que podem alterar a essência de outros hábitos e de uma vida inteira, com o aprendizado de novas habilidades e conhecimentos, bem como de controlar emoções. O exercício da meditação, do mesmo modo, pode ser classificado como hábito angular, porque é capaz de ativar a criatividade, aumentar a energia psíquica e corporal, deixando-nos receptivos a novos comportamentos e novos hábitos, com o potencial de melhorar o cotidiano.

O hábito pode ser hereditário?

Você acredita que um dia me fizeram essa pergunta? Agora sei que sim; o hábito pode ser hereditário. Geneticistas descobriram recentemente que fatores externos têm o potencial de ativar em nosso genoma genes responsáveis por determinadas características[XXII] adquiridas por nossos ascendentes; uma descoberta nesse novo campo da genética: a **epigenética**. Ou seja, o ambiente e o estilo de vida podem agir sobre um gene alterando seu funcionamento, e essa alteração pode, então, ser repassada às próximas gerações.

Em resumo: podemos influenciar os genes de nossos filhos e netos com as escolhas que fazemos antes de concebê-los; se cultivarmos bons hábitos, poderemos transmiti-los à geração vindoura. Nossos descendentes vão nos agradecer. Contudo, como já dissemos, *os bons hábitos só lhe darão prazer e satisfação depois de consolidados, e, para isso, é necessário empenho, disciplina, fé, determinação, força de vontade e resiliência de sua parte.*

Até aqui, tecemos considerações sobre quatro sentimentos de índole negativa: **rejeição**, **não pertencimento**, **impotência** e **egoísmo**, quatro variáveis determinantes que podem transtornar nossa vida. Entretanto, com **disciplina**, **fé**, **determinação**, **força de vontade** e **resiliência** podemos ressignificá-las, quer substituindo-as por sentimentos de caráter positivo, a exemplo da aceitação, da generosidade, da gratidão, do amor, da compaixão, do perdão e da empatia, quer pela recorrência de um mantra. Como o cérebro possui a aptidão da plasticidade, temos a capacidade de torná-las um hábito.

A seguir, vamos tomar dois dos sentimentos positivos citados, a **generosidade** e a **gratidão**, e, além de aprofundarmos seu conceito, examinaremos sua expressão e seus efeitos como hábitos consolidados.

Podemos influenciar os genes de nossos filhos e netos com as escolhas que fazemos antes de concebê-los; se cultivarmos bons hábitos, poderemos transmiti-los à geração vindoura.

CAPÍTULO 5
O SENTIMENTO DE GENEROSIDADE

Tente estar em paz consigo mesmo e ajude os outros a compartilhar desta paz. Se você contribuir para a felicidade de outras pessoas, encontrará a verdadeira meta, o verdadeiro sentido da vida.

Tenzin Gyatso (1935-), 14º Dalai-lama do budismo tibetano

Nossas reflexões neste capítulo serão acerca do *sentimento da generosidade*. A própria natureza é dadivosa em relação a esse sentimento, pois é generosa conosco, doando suas posses para podemos nos alimentar, aquecer, respirar e deslumbrar com suas telas pintadas, a cada instante, diante de nossos olhos. A única contrapartida seria manifestar o *sentimento de gratidão*, que também deveria ser expressado como reconhecimento de que nossas conquistas se devem à generosidade de muitos. Mas isso nem sempre acontece. Inúmeras vezes nos equivocamos achando que a generosidade se resume à partilha material. Esse sentimento pode ser expresso na repartição do saber, no hábito de ser gentil, no poder de um elogio sincero, no desejo franco e puro de um bom-dia, no sorriso de felicidade ao encontrar-se com alguém.

No entanto, não podemos nem devemos nos esquecer de que, para fecundar o *sentimento da generosidade*, é preciso desenraizar da mente a erva daninha do egoísmo, pois ela inibe seu florescimento, seu desenvolvimento e sua propagação. Essa batalha de sentimentos que começou nos tempos primordiais de Urk provavelmente estará sendo travada nos campos de nossa mente ainda por tempo imensurável e, como narram algumas lendas, ao longo das dimensões.

O sentimento da generosidade pode ser aprendido

Quando falo a você sobre lendas narradas ao longo das dimensões, lembro-me de uma história[18] que remonta aos tempos iniciais, quando Deus teria convidado um homem para conhecer lugares longínquos, onde se situavam o céu e o inferno. No inferno, o homem assistiu a uma cena na qual havia no centro de um espaço um enorme caldeirão de sopa. Ao redor do utensílio, sentavam-se várias pessoas famintas e angustiadas. Cada uma delas segurava uma colher de cabo tão comprido que lhes permitia alcançar o caldeirão, mas impedia que o alimento colhido lhes chegasse

---

[18] Conto católico, de autor desconhecido.

à boca. Em vão, os famintos tentavam se servir, mas entravam em desespero por não conseguirem saciar a imensa fome. Na sequência do passeio, o homem chegou ao céu e ali se deparou com uma cena muito semelhante à que vira havia pouco. No centro de um espaço, também havia um grande caldeirão cheio de sopa, e ao redor dele dispunham-se pessoas portando colheres de cabos tão compridos que conseguiam chegar até a sopa, mas não podiam alcançar a boca dos que queriam se alimentar. Havia, porém, um detalhe que fazia a diferença e deixava a todos felizes e alimentados. Ao contrário do que acontecia no inferno, no céu os comensais serviam uns aos outros, anulando o obstáculo criado pelos enormes cabos das colheres. Eles expressavam o *sentimento de generosidade*.

A expressão do sentimento de generosidade sempre gera felicidade, tanto em quem o pratica quanto em quem o recebe. O monge budista e poeta vietnamita Thích Nhất Hạnh,[19] falecido em 2022, publicou o livro *Vivendo Buda, vivendo Cristo*, que transmite um sentimento que poderíamos atrelar ao ensinamento de que, "quando você doa, seja sua presença, sua estabilidade, sua paz, sua leveza, sua liberdade, ou sua compreensão, essa dádiva fará milagres; quando você doa, talvez a pessoa que receba se sinta feliz, mas na realidade o maior

---

[19] Autor de *Caminhos para a paz interior, O milagre da atenção plena, Flamboyant em chamas*, entre outras obras.

beneficiado será você. Em verdade, a generosidade é a prática do amor".[XXIII]

O *sentimento de generosidade* é passível de ser aprendido; podemos – e devemos – ensiná-lo nas escolas. Então, treinemos crianças e adolescentes no bem-estar de serem generosos com colegas, professores, familiares e todas as pessoas de seu convívio. Mostremos aos nossos alunos de que modo eles podem eliminar da mente o *sentimento do egoísmo*, inibidor da generosidade. Digo isso não só como orientação mas também porque estou envolvido em um projeto educacional cujo fundamento é o ensino dos sentimentos positivos na comunidade escolar, englobando alunos, professores, dirigentes, funcionários e pais. Nesse projeto, a escola auxilia a criança no contato com a realidade, transcendendo eventuais limites dos contextos familiares,[XXIV] com foco no *sentimento de generosidade*. A prática tem confirmado que os envolvidos no exercício desse sentimento tornam-se mais solidários e engajados no convívio social, materializando o senso de comunidade, uma sinergia que leva todos a falar a mesma linguagem, em um aprendizado contínuo da expressão dos sentimentos positivos.

Conforme vimos anteriormente, o *sentimento de generosidade* é uma das expressões do amor, assim como os *sentimentos de empatia* e *compaixão*.

Gostaria de criar uma metáfora: esses sentimentos são avatares do *sentimento do amor*. E são variáveis tão determinantes em nossa vida, como já enfatizei, que cabem aqui algumas reflexões sobre elas.

O *sentimento de empatia*: a elegante capa do sentimento da generosidade

Nossas experiências demonstram que o *sentimento de generosidade* sempre está interconectado com outros sentimentos positivos, como os da *empatia*, da *compaixão* e da *gratidão*, numa comunhão perfeita com o *sentimento do amor*. Quando nos referimos ao épico combate entre os sentimentos de generosidade (como avatar do amor) e do egoísmo, estamos afirmando que a natureza robustecera a generosidade com a capa do *sentimento de empatia*, a aptidão de se colocar no lugar do outro. Ao me referir a esse sentimento, recordo a psiquiatra e autora Ana Beatriz Silva, que o define "como a capacidade de uma pessoa de compreender, considerar e respeitar os sentimentos alheios, imaginando como se sentiria ela própria, caso estivesse em uma situação similar".[XXV] Essa capacidade se amplia quando aceitamos nossas imperfeições e vulnerabilidades como seres humanos, pois "dessa maneira se torna mais fácil nos colocarmos no lugar do outro,"[XXVI] conforme lembra Cassandra Brené Brown,[20] da Universidade de Houston.

---

[20] Autora de *A arte da imperfeição* e *A coragem de ser imperfeito*, livros nos quais são abordados temas sobre a coragem, a vulnerabilidade, a vergonha e a empatia.

A expressão do *sentimento de generosidade* sempre gera felicidade, tanto em quem o pratica quanto em quem o recebe.

O *sentimento de empatia* pode ser decisivo em uma negociação ou na administração de conflitos de interesses, em qualquer segmento de atividade, em qualquer instância da vida. Quando o outro percebe que você está ao lado dele, as barreiras da desconfiança e do medo cedem, e uma interação positiva se evidencia. No entanto, para isso, é necessário que a empatia seja autêntica. A parte que toma a iniciativa deve estar presente por inteiro no aqui e agora do processo de comunicação, pronta para ouvir o outro (seja um colega, um cliente, um funcionário), com atenção máxima. Só depois de ouvi-lo e avaliar seus argumentos é que o questionamento deve ser feito, ainda assim com as palavras do questionador refletindo atenção, respeito e curiosidade sobre as razões do outro. Isso é a prova irrefutável de que se está em sincera posição de diálogo.

Para potencializar o êxito dessa comunicação, devem ser incluídas nela repetições de palavras e frases ditas pelo interlocutor e ressaltar o diálogo com tons e gestos adequados. Isso deixará a outra parte convicta de que seus argumentos e requerimentos foram ouvidos com interesse. É recomendável também não cair na tentação de oferecer conselhos não solicitados, pois, se o *sentimento de empatia* acontecer, a pessoa se sentirá tão à vontade que, muito provavelmente, pedirá a opinião ou orientação do outro. Resta-nos enfatizar que não pode haver o *sentimento de generosidade* sem a conexão com o *sentimento de empatia*, também expressão do *sentimento do amor*.

O *sentimento de compaixão*: pilar do relacionamento social

É igualmente expressão do *sentimento do amor* o *sentimento de compaixão*, conceituado pelo budismo como aquele que promove a libertação dos sofrimentos. Aspirar repetidamente que esse benefício alcance todos os seres sencientes (que percebem pelos sentidos) é um *mantra* que estimula a vontade de mitigar os sofrimentos das pessoas por intermédio da tolerância e da paciência, entendendo a imperfeição e a vulnerabilidade da condição humana.

Os psicólogos[21] definem a compaixão como "o sentimento que surge quando se testemunha o mal-estar (sofrimento, estresse) do outro e se tem o desejo e a atitude de ajudar". Todavia, não se deve confundir compaixão com piedade ou pena, tendo em vista que são sentimentos distintos. A compaixão evoca o sentimento de agir com empatia. Já a piedade se configura em um sentimento de tristeza, e até

---

[21] DEMARZO, M. O que é a compaixão segundo a psicologia? Tem a ver com *mindfulness*? **VivaBem UOL**, 20 jun. 2018. Disponível em: https://mindfulnessparaodiadia.blogosfera.uol.com.br/2018/06/20/o-que-e-a-compaixao-segundo-a-psicologia-tem-a-ver-com-mindfulness/?cmpid=copiaecola. Acesso em: 9 jun. 2022.

de culpa, pela dor do outro. A pena, por sua vez, além de não envolver nenhum sentimento de generosidade ou empatia, sugere certo desprezo e tendência a pensar no outro como alguém de categoria inferior.

Você há de concordar comigo que não é possível avançar nas reflexões sobre a compaixão sem se lembrar do Dalai-lama Tenzin Gyatso.[XXVII] O líder espiritual budista tibetano propaga que "por meio da sua própria e limitada experiência, descobriu que o maior grau de tranquilidade interior vem do desenvolvimento do amor e da compaixão. E que, quanto mais nos importamos com a felicidade dos outros, maior se torna o nosso próprio senso de bem-estar; que cultivar um sentimento de proximidade e carinho pelos outros automaticamente acalma a mente. Isto ajuda a remover qualquer medo ou insegurança que tenhamos e nos dá a força necessária para lidar com os obstáculos que encontramos. É a fonte definitiva de sucesso na vida".[22]

Você deve se lembrar de quando afirmamos que o *sentimento de generosidade* demonstrava estar sempre interconectado, em nossas experiências, com outros sentimentos positivos, como os da *empatia*, da

---

[22] DALAI LAMA afirma que compaixão é principal característica do ser humano. **Livraria da Folha**, 25 maio 2010. Disponível em: https://www1.folha.uol.com.br/folha/livrariadafolha/ult10082u720058.shtml. Acesso em: 9 jun. 2022.

compaixão e da *gratidão*, em comunhão, expressando o *sentimento do amor*.

No próximo capítulo, vamos explorar a expressão do sentimento que se obriga em resposta à atitude da generosidade: o de *gratidão*.

O *sentimento de empatia* pode ser decisivo em uma negociação ou na administração de conflitos de interesses, em qualquer segmento de atividade, em qualquer instância da vida.

CAPÍTULO 6:
O SENTIMENTO DE GRATIDÃO

Todo o nosso descontentamento por aquilo que nos falta procede da nossa falta de gratidão por aquilo que temos.

Daniel Defoe (1660-1731), escritor inglês, autor de *Robinson Crusoé*

Expressar o *sentimento de gratidão* em resposta a uma atitude de generosidade produz em nosso organismo a sensação de bem-estar, porque ele modifica nossa biologia e nos presenteia com um imenso prazer. E, se o manifestarmos com recorrência, logo ele se tornará um hábito. Basta expressá-lo no cotidiano com um *muito obrigado(a)*, por exemplo, a alguém que nos abriu a porta, a quem nos trouxe um cobertor na noite fria, à família que temos, a quem nos facilitou o emprego, à pessoa que cedeu seu lugar no ônibus ou na fila, a quem nos devolveu o documento perdido, ao amanhecer de um novo dia, à possibilidade de ver os astros no céu e ao fazer uma oração; enfim, a todas as pequenas e grandes dádivas da vida, a começar pela saúde.

A gratidão é produto da generosidade com a qual somos agraciados; é o gatilho mais rápido para uma sensação prazerosa; é o mais nobre dos sentimentos da condição humana. Há muito que os sábios a ele se referiam como agregador de outros sentimentos positivos. Até a Cícero, filósofo romano, atribui-se o pensamento de que "a gratidão não é somente a maior das virtudes; ela é a mãe de todas as outras".

Há mais de dois mil anos, o budismo já ensinava que a gratidão possui estreita relação com a humildade, o amor e a generosidade, e chamava a atenção para o fato de que aquilo que somos e o que possuímos devemos à natureza e às pessoas com as quais convivemos. Na realidade, existimos em um contexto de absoluta interdependência – todos dependemos uns dos outros. Iluminamos nossa residência, nos alimentamos, nos vestimos, nos educamos e nos curamos graças ao labor de milhões de pessoas – e a elas devemos expressar gratidão.

É exigida de nós profunda reflexão para compreendermos essa interdependência e, assim, sobrevivermos e seguirmos no propósito de sermos felizes e prósperos.

O *sentimento de gratidão*: ligação direta com o universo

Thích Nhất Hạnh, o mesmo monge budista vietnamita que dizia ser a generosidade a prática do amor, expôs a amplitude e o refinamento de suas reflexões sobre a gratidão no livro *Vivendo Buda, vivendo Cristo*, cuja essência está contida no princípio de que bebemos e comemos o tempo todo, mas, que em geral, só ingerimos nossas ideias, nossos projetos, nossas preocupações e nossas ansiedades; de que não comemos, de fato, nosso pão nem bebemos nossa bebida. Se nos permitirmos tocar profundamente o pão, renasceremos, porque o pão é a própria vida, e, ao comê-lo, tocamos o sol, as nuvens, a terra e tudo no universo. Nada disso exige nenhuma liturgia ou oração específica antes de cada refeição. É apenas para estar grato e afável com o que se tem, e pronto. Estar grato em pertencer ao milagre da vida.

Entre os enunciados budistas, há um que diz: "se você pode apreciar o milagre que encerra uma única flor, sua vida mudará". Isso aponta para a necessidade da valorização de cada pedaço da natureza como ele é; de cada pessoa como realmente ela é, pois cada indivíduo é um milagre único, que jamais se repetirá, por isso devemos ser gratos por fazer parte desse milagre. Devemos ser gratos por perceber a maravilha do universo ao nosso redor; por ter evoluído para uma consciência com o poder de tudo observar; por um universo que obedece às leis promulgadas há tempos imemoriais, por algo acima de nossa compreensão, ao qual chamamos de Deus. Nossa consciência observando o milagre da perfeição faz com que a vida entre em outra dimensão, conduzida pelo *sentimento de gratidão*.

Aprendendo ou reaprendendo a expressar sentimentos positivos

Se não conseguimos apreciar esses milagres, é porque algum sentimento negativo está inibindo em nós um sentimento positivo, como o da gratidão. Nesse caso, faz-se necessária a substituição desse sentimento negativo. Não nos esqueçamos de que o sentimento de gratidão também pode ser aprendido (ou reaprendido) e posto no lugar de outro que o inibe por meio do *processo de ressignificação*, com a dissolução da conexão neurônica concernente ao sentimento negativo inibidor e a construção de outra, correspondente ao sentimento da gratidão.

Os sentimentos positivos sempre estiveram em nossa mente inconsciente desde que nascemos. Apenas foram reprimidos ou inibidos por sentimentos negativos. Muitos são, de fato, esquecidos na infância, enquanto sentimentos negativos são alimentados e reforçados. Resgatando o tema abordado em *Eu sou, eu posso!*, lembro-me de que Maria Montessori[23] criou a expressão *mente absorvente inconsciente* para designar a mente infantil, porque é na infância que sorvemos indiscriminadamente todas as informações que chegam até nós do meio externo e as armazenamos na mente – tudo que vemos, sentimos, tocamos, ouvimos e que será referência no processo de moldagem de identidade. Sem que ainda tenhamos desenvolvido a capacidade de discernimento ético, é dessa esponja de informações

---

[23] Educadora, médica e pedagoga italiana, implantou um método educacional centrado na importância da liberdade, da atividade e do estímulo para o desenvolvimento físico e mental da criança, com ênfase no equilíbrio entre a liberdade e a disciplina.

que nascem os sentimentos negativos – o egoísmo, por exemplo – os quais, futuramente, poderão marcar, sobremaneira, nossa existência.

Sabemos que um adulto pode ressignificar seus sentimentos, alterando sua personalidade e redirecionando sua vida, assim como é possível, sim, retirar um sentimento negativo da mente ainda na infância ou na adolescência. Orientadas, as crianças podem aprender a não cultivar sentimentos de culpa, medo, rejeição ou egoísmo, que seguiriam com elas para o futuro, infelicitando os adultos de amanhã. As crianças estão aptas a aprender a soltar os pensamentos negativos e a absorver a leveza de sentimentos de generosidade e gratidão, por exemplo.

A expressão dos sentimentos durante a infância e a adolescência

Vamos entender como funciona a expressão dos sentimentos durante a infância e adolescência. Na execução de nosso projeto de uma escola com fundamentos em pensamentos positivos, aprendemos que crianças e adolescentes manifestam o sentimento da gratidão de maneiras diferentes.[XXVIII] Psicólogos chegaram a essa conclusão após trabalharem duas questões com crianças e adolescentes de 7 a 14 anos: *Qual é o seu maior desejo? O que você faria pela pessoa que lhe concedesse esse desejo?* Descobriram, então, que as crianças praticavam o sentimento da gratidão de maneira concreta, ou seja, retribuíam ao benfeitor com coisas que elas próprias apreciavam, das quais elas mesmas gostavam, sem se importar com a preferência daquele. Já os adolescentes expressavam gratidão de modo conectivo, isto é, pensando no que agradava ao benfeitor. Esse tipo de gratidão demonstra que os adolescentes não pensam apenas nas próprias necessidades, mas também nas do autor da generosidade com que foram agraciados. Mostra, ainda, que, ao se desenvolverem física e emocionalmente em direção à adolescência, as crianças mudam, de maneira gradativa, suas expressões de gratidão. Além disso, a experiência indica que a gratidão conectiva está correlacionada aos sentimentos de perdão e felicidade[XXIX] e de comportamento pró-social.

Na realidade, expressar gratidão é um hábito muito prazeroso. Prazeroso e viciante. Viciante porque promove verdadeira revolução bioquímica e benfazeja no organismo. Quando o jovem expressa agradecimento, o cérebro inunda seu corpo com o já conhecido coquetel de hormônios,[XXX] *o quarteto químico da felicidade*, por ser o responsável pelas sensações de prazer, bem-estar e felicidade.[XXXI] Por último, me lembro do que disse Martin Seligman:[24] "não é a felicidade que nos torna gratos, mas o sentimento de gratidão que nos torna felizes". E a gratidão, assim como os demais sentimentos positivos, pode e deve ser desenvolvida na mente e no coração das crianças e dos jovens.

---

[24] Considerado o pai da psicologia positiva e autor de obras como *The hope circuit* [O circuito da esperança, em tradução livre] e *Psicologia positiva*.

O ensinamento do sentimento de gratidão

Os povos asiáticos são pioneiros no ensinamento do sentimento de gratidão. Na Tailândia, por exemplo, esse aprendizado começa em tenra infância, tanto em casa quanto na escola. A propósito do foco da educação budista, em uma palestra sobre gratidão intitulada "O ângulo certo: ele nunca está errado",[25] proferida pelo venerável Luang Por Liem Thitadhammo, no Mosteiro Budista de Abhayagiri, localizado no Parque Nacional de Sequoia, na Califórnia, foi muito bem lembrado que "todos sobrevivemos e encontramos conforto na vida com o apoio do conhecimento e habilidades, da atenção plena e da sabedoria de inúmeras outras pessoas. Sem a ajuda delas, morreríamos assim que deixássemos o útero de nossa mãe. Devemos tudo aos outros. O sentimento de gratidão aos pais e aos professores é incalculável".

O ato de conhecer e reconhecer com gratidão uma dívida e colocá-la acima de nós mesmos é conhecido na Tailândia como *kataññuta*, e o esforço para pagá-la, *katawedita*. Aqueles que reconhecem a generosidade com a qual foram agraciados são identificados como *kataññu*, e os que retribuem o favor com o sentimento da gratidão são chamados de *kataweti*. E assim nasceu o termo *kataññu-kataweti*, que significa reconhecer a generosidade que nos foi concedida e retribuí-la com atos de gratidão. Essa qualidade espiritual nos protege dos

---

[25] Do título original "The right angle: it's never wrong", contido no livro *Gratitude*, publicado pelo próprio Mosteiro de Abhayagiri, para distribuição gratuita.

sentimentos negativos e nos conduz à paz e à felicidade. O *kataññu-kataweti* é uma filosofia de vida firmemente estabelecida, nutrida no decorrer do tempo e profundamente compreendida pela maioria dos tailandeses.

Por meio das publicações da filósofa brasileira Bárbara Santos,[26] residente na Tailândia, conseguimos saber mais sobre o *kataññu-kataweti* e seu ensinamento. Em uma entrevista com Verayouth Chotivanich, tailandês de família tradicional, Bárbara ouviu que, em casa, as crianças tailandesas inspiram-se na observação das atitudes de gratidão dos pais em relação aos outros, principalmente idosos e professores. Elas aprendem a respeitar aqueles que protegem sua vida e as educam, e também a lhes ser gratas. Na escola, os professores lhes ensinam a importância de respeitar os pais, os mais velhos e a si mesmos. O ensino e a prática do *kataññu-kataweti* faz parte da rotina escolar. Então, é possível constatar que há um verdadeiro mutirão na sociedade tailandesa para o ensinamento e a aprendizagem da gratidão e de sua expressão entre as pessoas.

A gratidão é um hábito que nos traz bem-estar

Se apreciamos estar vivos, nada mais justo que sermos gratos por essa generosidade da vida, em todas as suas manifestações, em especial às pessoas. Agora, se devemos expressar nossa gratidão à vida, temos que

---

[26] SANTOS, B. **Seja grato e demonstre gratidão**: uma lição tailandesa, 11 maio 2017. Disponível em: https://santosbarbara.com/2017/05/11/seja-grato-e-demonstre-sua-gratidao-uma-licao-tailandesa/. Acesso em: 10 jun. 2022.

fazê-lo em toda a extensão e plenitude. Para isso, precisamos agradecer ao passado, incluindo os erros nele cometidos, por tudo que nos proporcionaram como lições no processo evolutivo; ao presente, por nos libertar de recorrências negativas do passado que nada ensinam ou inspiram, ou de pensamentos fantasiosos projetados para o futuro; precisamos expressar nossa gratidão antecipadamente por antever, nesse mesmo futuro, a materialização de desejos, projetos e propósitos arquitetados no presente. No budismo, agradecer ao presente é reconhecer sua importância, alegrando-nos porque em toda parte é aqui e agora. Epicuro de Samos,[27] há mais de dois milênios, ensinava que, "quando as pessoas são felizes, lembram-se de seu passado com gratidão, alegram-se com o presente e encaram o futuro sem medo".

Não se deve ter medo do futuro, sobretudo quando se lança mão de sentimentos positivos, como os de generosidade e gratidão, para pavimentar o caminho que nos leva à materialização de nossos anseios. O hábito de expressar esses sentimentos cria, como dissemos, uma somatória de ondas de energia positiva que leva a pessoa ao engajamento com aquilo que é idealizado, comportando-se como se o projeto planejado já estivesse pronto e acabado.

---

[27] Filósofo da Grécia antiga, do período helenístico, fundador do epicurismo, filosofia que prega o prazer pela prática da virtude como o único bem superior do homem. Considerado o apóstolo da amizade, antecipou-se 2.300 anos a Charles Darwin ao apresentar um esboço da atual teoria evolucionária.

O sentimento de gratidão e suas dimensões

Embora eu considere que o sentimento de gratidão tenha a mesma dimensão na expressão de uma simples gentileza ou de um grande ato de altruísmo, sempre há a tendência a classificá-lo.

Na Idade Média, São Tomás de Aquino[28] ensinou que o sentimento de gratidão tem três níveis. O *primeiro* é o *nível superficial*, que a maioria das pessoas alcança e no qual não ocorre ação de retorno substancial, por exemplo, no ato de auxiliar alguém a carregar as malas. No *segundo nível*, o *intermediário*, a pessoa beneficiada manifesta gratidão desejando que tudo de bom aconteça ao benevolente e ressalta o bem que dele recebeu, como o pagamento da conta de luz em um momento crítico, embora não vá além das louvações. Já o *terceiro patamar*, o nível *profundo, é aquele em que ocorre uma vinculação permanente entre as pessoas e se estabelece um comprometimento do agraciado pela generosidade praticada pelo dadivoso.* Nesse nível, o sentimento de gratidão propõe um ato concreto de agradecimento, pois a generosidade praticada, que não mediu esforços financeiros nem estruturais, provoca na mente do beneficiado um desejo de retri-

---

[28] Frade católico italiano da Ordem dos Pregadores cujas obras tiveram enorme influência na teologia e na filosofia; escreveu sobre as gradações do sentimento da gratidão na obra *Tratado de gratidão*.

Os sentimentos positivos sempre estiveram em nossa mente inconsciente desde que nascemos. Apenas foram reprimidos ou inibidos por sentimentos negativos.

buição muito além do valor da generosidade recebida. Esse sentimento de gratidão se torna atemporal. Aqui, vemos que a generosidade tem a propriedade de ser tangível, pois ocorre em uma ação que consegue tocar as pessoas de modo palpável, e uma gratidão que se investe da intangibilidade, uma vez que se mostra imaterial, na configuração de um sentimento genuíno, profundo e persistente de agradecimento. Posso ilustrar com um evento que ocorreu comigo.

Em uma viagem aos Estados Unidos, eu caminhava pela orla de Miami com calção de banho, quando senti necessidade urgente de urinar; no entanto, para usar o banheiro público, eu precisava de uma moeda. E eu não a tinha. Algumas pessoas ali estavam em uma fila e nenhuma delas prestava atenção à minha angústia. De repente, um senhor aproximou-se e me fez a generosidade de me dar a moeda da qual eu tanto precisava. Aquela generosidade foi um ato tangível, real. Meu alívio só não foi maior que a gratidão que senti por aquele benfeitor. Mais tarde, fui à praia almoçar nas barracas disponibilizadas pelo hotel aos hóspedes. De minha mesa, avistei o senhor da moeda. Chamei o garçom e solicitei a ele que toda despesa daquela mesa fosse transferida para a minha. Ao final da refeição do meu benfeitor, o garçom lhe comunicou que a despesa fora transferida. Ele me avistou, levantou-se e seguiu em minha direção. Logo me reconheceu e me pediu que não fizesse aquilo, porque seu gesto fora simples e espontâneo. Expliquei a ele que, mesmo assim, sentia-me profundamente grato. Estava configurada a gratidão que, de modo intangível, se avolumara em minha mente, e é exatamente nesse nível profundo do sentimento de gratidão que se encaixa a interjeição de agradecimento: obrigado(a)!

A dimensão do obrigado(a)

Nosso *obrigado(a)* em resposta às benevolências, às dádivas e às generosidades a nós direcionadas é um agradecimento no sentido mais profundo do sentimento de gratidão, conforme estudos realizados pelo professor em educação Luiz Jean Lauand, da Universidade de São Paulo (USP). Durante uma conferência na Universidade Autônoma de Barcelona,[29] na Espanha, em 1998, com base nos níveis de construção do sentimento de gratidão elaborados por Tomás de Aquino, Lauand concluiu que os povos de língua inglesa e alemã agradecem a uma generosidade em termos de primeiro nível (superficial), com o *thank you* e o *zu danken*, em um reconhecimento meramente intelectual. Os povos de língua francesa, italiana e espanhola agradecem em termos de segundo nível (intermediário), com o *merci, grazie* e *gracias*, que representam apenas manifestações de graças ao generoso. Somente na língua portuguesa se expressa a gratidão no terceiro nível (profundo), com o *obrigado(a)*,

---

[29] "Antropologia e formas cotidianas: a filosofia de S. Tomás de Aquino subjacente à nossa linguagem do dia a dia". Conferência proferida em 23 de abril de 1998 na Universidade Autônoma de Barcelona, na Espanha (Departamento de Ciências e Antiguidades).

que traz o sentido de obrigação (eu me obrigo com você por ter sido tão generoso). Nosso *obrigado(a)* enfatiza um comprometimento mútuo, uma geração de vínculo, a existência de uma dívida por toda a vida.

Os sentimentos positivos e sua relação com o futuro

Vou lhe dizer algo que talvez provoque espanto. Tenho certeza de que podemos ver no presente nossas expectativas materializadas no futuro graças aos nossos pensamentos e sentimentos positivos. A esse fenômeno resolvemos chamar de *ver a coisa pronta*, o qual vivenciamos de tal modo que começamos a nos comportar como se nossas expectativas tivessem, de fato, sido materializadas. Você também pode *ver a coisa pronta*, desde que, no processo, leve em consideração, em essência, três fundamentos que marcaram presença em nossas reflexões: a *capacidade plástica do nosso cérebro*;[30] a *ressignificação dos sentimentos negativos*,[31] como de *rejeição*, de *não pertencimento*, de *impotência* e do *egoísmo*, sobre os quais nos aprofundamos mais um pouco; e a *expressão de sentimentos positivos*,[32] a exemplo da generosidade e da gratidão, do amor e da empatia, do perdão e da compaixão, todos interconectando-se numa teia mental.

---

[30] Ver capítulos 2 e 4.

[31] Ver capítulos 2 e 3.

[32] Ver capítulos 5 e 6.

Se apreciamos estar vivos, nada mais justo que sermos gratos por essa generosidade da vida, em todas as suas manifestações, em especial às pessoas.

CAPÍTULO 7: COMO VER A COISA PRONTA

Se as pessoas definem certas situações como reais, elas são reais em suas consequências.

William Isaac Thomas (1863-1946), sociólogo estadunidense e criador do Teorema de Thomas, pioneiro no estudo da profecia autorrealizável

Existe um fenômeno, alvo de estudo da psicologia, que se fundamenta no fato de que, quanto maiores as expectativas em relação a uma pessoa, melhor será o desempenho desta, porque lhe é conferido aumento da autoestima. Essa verdade foi claramente demonstrada pelos psicólogos estadunidenses Robert Rosenthal e Lenore Jacobson, por meio de um estudo[XXXII] sobre como as expectativas dos professores em relação aos alunos afetam os resultados de suas tarefas. Eles comprovaram que, quando os docentes têm visão positiva dos alunos, tendem a estimular suas virtudes, e os estudantes obtêm resultados melhores na lida escolar. A esse efeito ambos os cientistas decidiram denominar

Pigmaleão (outrora denominado *profecia autorrealizável*),[33] em uma referência ao mito[34] do rei de Chipre. O resultado dessa pesquisa remeteu-me, de repente, a uma história contada na biografia de Thomas Edison, inventor estadunidense da lâmpada elétrica incandescente e do fonógrafo, além de dono de mais de mil outras patentes.

O pequeno Edison, aos 8 anos, ao chegar um dia da escola, entregou à mãe, Nancy Elliott, um envelope com um bilhete enviado pelo professor. Ela o leu e começou a chorar. Edison perguntou-lhe o que estava acontecendo,

---

[33] Robert King Merton (1910-2003) foi um sociólogo estadunidense consagrado mundialmente como um dos mais importantes sociólogos do século XX. Foi ele quem cunhou a expressão *profecia autorrealizável*, em 1949, cujo princípio é similar ao *ver a coisa pronta*. O singular trajeto de suas pesquisas o levou a desenvolver contribuições científicas revolucionárias relacionadas à ciência, à tecnologia e à sociedade. Autor de mais vinte livros publicados, que se tornaram clássicos no âmbito da sociologia, teve sua obra-prima, *Social theory and social structure* (1949), traduzida para o português, com o título *Sociologia: teoria e estrutura* (São Paulo: Mestre Jou, 1970).

[34] Pigmaleão era o rei de Chipre, além de extraordinário e habilidoso escultor. Desencantado com as mulheres do reino, esculpiu para si a estátua de uma donzela belíssima, tão perfeita que por ela se apaixonou. Àquela maravilha de marfim deu o nome de Galateia. Imaginando-a viva, dava-lhe presentes, roupas e carinhos, até que, por fim, tomou-a como esposa. Todavia, sua imobilidade o entristecia a cada dia, e um dia ele pediu à deusa Afrodite que lhe encontrasse uma mulher igual a Galateia. Como não havia mulher igual em nenhum reino, a deusa do amor concedeu vida à estátua.

e a mãe respondeu que leria para ele, em voz alta, o conteúdo do que recebera:

Aqui diz "seu filho é um gênio, e esta escola não tem professores qualificados para ensiná-lo. Portanto, por favor, continue com a educação dele em sua própria casa".

A partir daí, Nancy, que era professora de educação infantil, começou a lecionar para o filho diariamente, por horas a fio, incentivando-o também a ler as grandes obras da história, da literatura e da ciência. Desse modo, todos os conhecimentos básicos adquiridos na infância de Edison lhe foram repassados pela *mãe*, que faleceu em 1871, quando o cientista tinha 24 anos. Algum tempo depois, enquanto recolhia documentos na antiga casa dos pais, Edison encontrou em uma das gavetas um envelhecido papel dobrado. Desdobrou-o e descobriu que era o mesmo bilhete que o professor enviara à mãe. Mas o conteúdo não era o mesmo que ela lera para ele: *Seu filho é confuso e tem problemas mentais. Não vamos deixá-lo vir mais a esta escola.*

Depois de chorar convulsivamente, Edison sentou-se e escreveu em seu diário: *Eu era uma criança confusa, mas graças a uma mãe heroína tornei-me a pessoa que sou.*

Verdade. E bastou que a Nancy heroína tivesse visão positiva do filho e estimulasse todas as suas virtudes para que ele materializasse suas expectativas. No entanto, apesar de nos referirmos às expectativas no âmbito da educação, elas não se limitam a esse campo. Como disse Sterling Livingston, "as profecias autorrealizáveis são tão predominantes nos escritórios quanto nas salas de aula do ensino fundamental".[XXXIII] E as expectativas não são apenas referentes às outras pessoas; você pode usá-las para o seu futuro. A elas denominei, para mim mesmo, *ver a coisa pronta*.

Os fundamentos para *ver a coisa pronta*

Quando fiz, pela primeira vez, referência ao fenômeno de *ver a coisa pronta*, expectativas do presente mentalizadas como materializadas no futuro, me questionaram se todas as pessoas são capazes de vivenciá-lo. Respondi que sim, mas é basilar que a pessoa com essa aspiração entenda, com clareza, o que ele significa, como funciona e qual é a importância de cada um dos três fundamentos essenciais, citados no capítulo anterior (*capacidade plástica do cérebro, ressignificação dos sentimentos negativos e expressão de sentimentos positivos*), para poder exercitar sua prática e expressão. Embora haja pessoas que nascem com a predisposição de realizar essa *ideoplastia*,[35] as demais precisam se esforçar mais para seu aprendizado.

---

[35] O vocábulo *ideoplastia* foi criado em 1860 pelo médico francês Joseph-Pierre Durand de Gros (1826-1900) para designar as principais características da sugestibilidade; quatro anos depois, o psicólogo polonês Julian Ochorowicz (1850-1917) o empregou para designar os efeitos da sugestão e da autossugestão, quando facultam a materialização de uma ideia.

Se você me perguntasse como me comporto quando estou exercitando essa *ideoplastia*, eu revelaria a você que, nessa dinâmica, quando me proponho a tornar realidade um desejo, uma ideia, determinado projeto, seja uma viagem, uma parceria, a construção de algo, começo a agir como se minha expectativa já fosse *uma coisa pronta*, e ela se torna tão real em minha mente que, de antemão, até expresso gratidão por ela estar materializada. No entanto, vamos fazer algumas reflexões sobre cada um dos fundamentos desse fenômeno, começando pelo primeiro: a *capacidade plástica do cérebro*.

A capacidade plástica do cérebro

Uma pessoa que cultiva sentimentos de conotação negativa, a exemplo do egoísmo ou do ódio, dificilmente adquirirá a habilidade de *ver a coisa pronta*, pelas razões que você descobrirá com o desenvolvimento de nossas reflexões. Contudo, essa condição não precisa ser permanente; pode ser revertida graças à *capacidade plástica do cérebro* de desmanchar e construir conexões neurais correspondentes às mais variadas funções psíquicas (ver o tópico "Os chips orgânicos da memória", no capítulo 2). Sobre a neuroplasticidade do cérebro, já nos referimos em páginas anteriores; porém, não lhe falei como esse fenômeno surgiu para a neurociência e creio que esse momento é uma oportunidade adequada.

Uma pessoa que cultiva sentimentos de conotação negativa, a exemplo do egoísmo ou do ódio, dificilmente adquirirá a habilidade de *ver a coisa pronta*.

Poucos anos após o término da Segunda Guerra Mundial, em 1949, o psicólogo canadense Donald Olding Hebb (1904-1985) publicou o livro *The organization of behavior* [A organização do comportamento, em tradução livre], cujo conteúdo viria a revolucionar o conhecimento da neurociência até então vigente, pois nele desenvolvera uma teoria pioneira sobre os alicerces neuronais da aprendizagem. Essa teoria logo se transformaria na Lei de Hebb, ou da Assembleia Celular, que postula que, **se dois neurônios estão ativos aproximadamente ao mesmo tempo, suas conexões são fortalecidas**. De maneira específica, essa condição significa que, se uma célula nervosa se unir a outra por intermédio de seus axônios e por elas passar, repetidamente, uma informação, ocorrerão mudanças estruturais e metabólicas, tornando mais eficiente a sinapse construída. Essa junção primordial dos neurônios deflagraria a conexão de outras células, criando engramas,[36] ou nossas já conhecidas conexões neurais. Donald Hebb descobriu que cada conexão neural estaria diretamente relacionada a um estímulo ou atividade aprendida, e que o cérebro possui a aptidão de ser plástico.

---

36 Em biologia, engrama significa memória duradoura em uma célula; gravação de percepções sensoriais (de visão, audição, olfato, paladar e tato) presentes em um momento de inconsciência parcial ou total, causada por trauma, drogas ou estresse, por exemplo.

É essa aptidão do cérebro que viabiliza o processo de reprogramação cerebral e mental, a qual substitui pensamentos e sentimentos indesejáveis, hospedeiros de nossa mente, que têm como sustentação a expressão de sentimentos como os de força de vontade, resiliência e fé, todos eles nutridos pela manifestação das atitudes positivas de foco e engajamento – reprogramação nominada pelos neurocientistas e psicólogos de *ressignificação dos sentimentos negativos*.

Esses dois fenômenos, a *neuroplasticidade cerebral* e a *ressignificação*, só são possíveis porque os nossos pensamentos têm o poder de mudar a química e as interações das ondas cerebrais no interior das células nervosas formadoras das conexões neurônicas, em um processo de retroalimentação mútua. E a *ressignificação dos sentimentos negativos* assume importância tão fundamental nesse processo de *ver a coisa pronta* que se torna o segundo fundamento.

A *ressignificação dos sentimentos negativos*

Você já sabe que para ressignificar um *sentimento negativo* a pessoa precisa mover o foco sobre ele, direcionando-o a outro alvo, talvez um pensamento de fácil memorização, como fiz ao invocar um *mantra*, o qual tomava o lugar do sentimento negativo, o da *impotência*, por exemplo, sempre que este tentava retornar na costumeira recorrência à minha mente. Era nesse momento de maior tensão que se acionavam os saltos do ponteiro *do relógio da ressignificação*, porque meu cérebro entendia agora que aquele *sentimento negativo* devia ser substituído pelo *mantra* e, eventualmente, por um sentimento de feição positiva. Do mesmo modo, por causa dessa química cerebral dinâmica, qualquer pensamento ou sentimento negativo pode ser substituído. O *sentimento do egoísmo*, por exemplo, pode ser permutado pelo sentimento do amor, da generosidade, da gratidão, do perdão, e o cérebro construirá para esse substituto novas conexões neurais. Contudo, é essencial saber que esse processo só será possível se a pessoa "combinar" com o cérebro essa nova *verdade*.

Considerada um dos mais relevantes e notáveis fenômenos psíquicos que podem ocorrer ao ser humano, a *ressignificação* tem o poder de influenciar radical e positivamente nosso comportamento, dando à nossa vida novo valor, e por essa importância as ciências a têm como foco de estudo.

A neurolinguística[37] a define como "um método utilizado para fazer com que pessoas deem um novo significado a aspectos negativos em suas vidas através de uma mudança na sua percepção de mundo"; a psiquiatra Ana Beatriz Barbosa reflete, durante um episódio de seu programa *Mentes em Pauta*, que ressignificar

---

[37] Ciência que estuda aspectos neurais, linguísticos, cognitivos e psicológicos.

um sentimento negativo de uma pessoa é como estar lhe concedendo nova possibilidade de encontrar o seu propósito de vida; e o psiquiatra austríaco Viktor Frankl, em sua obra *Em busca de sentido*, afirma que "a observação psicológica dos reclusos, no campo de concentração, revelou que somente sucumbe às influências do ambiente no campo, em sua evolução de caráter, aquele que entregou os pontos espiritual e humanamente. Mas somente entregava os pontos aquele que não tinha mais em que se segurar interiormente! [...]. Até mesmo o sofrimento pode dar sentido à vida desde que se passe por um processo de ressignificação".[XXXIV] Frankl fornece esse depoimento com muita propriedade, pois suas reflexões são resultantes da trágica experiência vivenciada em um campo de concentração nazista.

Os sentimentos e as frequências de suas ondas

Como estamos tratando de sentimentos, que são ondas de energia, precisaremos dos conhecimentos da *física quântica*, uma vez que se trata de uma ciência fundamentada, inclusive, pelo fato de que tudo no universo existe em forma de ondas (energia ou matéria), vibrando em uma frequência correspondente à essência de cada coisa. Portanto, os sentimentos também têm as próprias frequências de vibração, e, por essa razão, a *ressignificação de sentimentos* depende da intensidade delas.

Considerada um dos mais relevantes e notáveis fenômenos psíquicos que podem ocorrer ao ser humano, a *ressignificação* tem o poder de influenciar radical e positivamente nosso comportamento, dando à nossa vida novo valor.

A frequência de vibração de cada onda de energia no universo é diferente uma da outra. A de uma onda de rádio difere da de uma onda de wi-fi, que é diferente da de uma onda de raios X, que se distingue da de uma onda da luz solar ou da de uma onda cerebral (igualmente onda eletromagnética).[38] Cada onda tem sua impressão digital, isto é, sua própria frequência.

Os sentimentos, como ondas eletromagnéticas, também diferem entre si na intensidade das frequências e das amplitudes (que servem para conduzir a energia de cada onda). Por isso é possível personificar um sentimento pela frequência (ou vibração) de suas ondas, dando-lhe um rosto que o identifica como um sentimento de generosidade ou de avareza, de gratidão ou de ingratidão, de amor ou de egoísmo, de ternura ou de angústia.[XXXV] Mudando os sentimentos, novas vibrações acontecem e, consequentemente, novas frequências e amplitudes. É essa mudança que conhecemos por *ressignificação*, o giro da chave mental que induz o cérebro a responder com a *neuroplasticidade*.

---

[38] Uma onda eletromagnética cerebral tem como elementos constituintes básicos (comuns a qualquer onda) o comprimento (distância entre duas cristas de uma onda), a amplitude (distância entre o eixo e a crista) e a frequência (número de vibrações produzidas por uma onda, em tempo determinado).

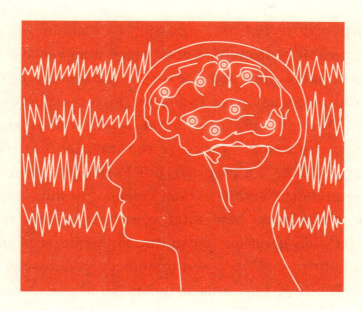

Já dissemos que uma pessoa acometida pelo sentimento do egoísmo se obriga a passar por longo *processo de ressignificação*, desde o autorreconhecimento como egoísta até adquirir a capacidade de amar. Nesse momento em que ela, por fim, substitui o *sentimento do egoísmo* pelo *sentimento do amor ao próximo*, finaliza-se a reprogramação mental, uma vez que se mudou a frequência do sentimento negativo antes presente pela nova frequência do sentimento positivo que o substituiu. A partir de então, o indivíduo passa a expressar os *sentimentos positivos* que lhe foram incorporados, o que significa que começa a praticar o terceiro fundamento e a habilitar-se para *ver a coisa pronta*.

A expressão dos sentimentos positivos

Expressar sentimentos positivos é uma variável tão determinante para o processo de *ver a coisa pronta* quanto essencial para todos os outros aspectos da vida. Quando uma pessoa ressignifica seus sentimentos negativos e expressa sentimentos positivos, a generosidade e a gratidão, por exemplo, a primeira consequência é sentir-se bem consigo mesma.

A sensação de bem-estar e prazer que ela sente por ter sido generosa ou grata, conforme revelamos ao refletirmos sobre o sentimento de generosidade e gratidão, deve-se a uma resposta do seu organismo, que produz e distribui pelo corpo os hormônios responsáveis pelo sentimento de felicidade. E uma pessoa feliz torna-se mais suscetível de ser próspera; esse é o propósito de cada um de nós: sermos felizes e prósperos. Um indivíduo, ao se tornar feliz e próspero por ter o hábito de manifestar sentimentos positivos, fica mais propenso à habilidade de ver *a coisa pronta* e de materializar suas expectativas. Mas esse hábito tem poder ainda maior, porque, ao manifestá-lo no dia a dia, o indivíduo vai criando uma massa crítica de apoio ao redor, porque as pessoas preferem estar próximas dele que de alguém egoísta ou que tenha o hábito de expressar outros sentimentos negativos. Em verdade, poderíamos dizer que está acontecendo um encontro de ondas de pensamentos positivos. E, quando há o encontro de duas ondas de pensamentos positivos com amplitudes iguais (mesma intensidade de energia), elas se somam, e ocorre o fenômeno da interferência construtiva (ressonância), conforme figura a seguir.

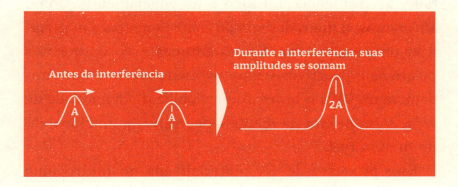

Desse modo, há confiança e atração natural para o engajamento nas expectativas do generoso e grato. Esse fato é indicativo de que não basta apenas expressar um desejo para que as coisas aconteçam; não se deve esperar que uma expectativa se materialize em um passe de mágica só porque se desejou, em uma equivocada interpretação da Lei da Atração.[XXXVI] Não se pode esperar que seu desejo se materialize por acaso. O universo não vai presentear uma pessoa nem favorecê-la por essa única razão. Até porque ele necessita de energia suficiente para mover cada uma de suas engrenagens, e a amplitude das ondas de simples desejos não tem a mesma intensidade de energia contida na amplitude das ondas em ressonância em uma interferência construtiva.

A viagem fantástica

Ver a coisa pronta exige esforço de aprendizado[39] e de desenvolvimento de sentimentos positivos, assim como de outras funções mentais, a exemplo da força de vontade, da resiliência, do foco e do engajamento. Como afirmamos, o mero desejo não é suficiente para materializar uma expectativa. São as atitudes e os sentimentos positivos e proativos, como os mencionados, que fundamentam todo o processo de viabilizar a habilidade de *ver a coisa pronta* na mente e depois vê-la funcionando no mundo real.

Esse processo de ver materializada no futuro uma ideia pensada no presente me faz lembrar de um dos mais intrigantes fenômenos da física quântica, que é quando um observador induz uma onda eletromagnética (em um raio de luz ou em um pensamento) a se transformar em uma partícula (a energia se transformando em matéria) – evento que só acontece no universo submicroscópico, onde as ondas emitidas pelos átomos se movimentam em forma de "pacotinhos" conhecidos como *quanta* (singular) ou *quantum* (plural), vocábulos

---

[39] A Lei da Atração é uma técnica que utiliza a crença de que a mente e o universo estão conectados por meio da força dos pensamentos. De acordo com essa lei, os pensamentos lançam ondas de energia que chamam ou repelem determinadas vibrações; ela sugere que, se focar seu desejo, o universo ajudará você a torná-lo realidade.

que dão origem ao termo *quântico*, em português. Esse universo localizado nas profundezas submicroscópicas do átomo é conhecido como *universo quântico*.

É nesse universo – que não vemos, mas que possui dimensões tão infinitas quanto aquele visível; que está tão perto, porque existe dentro de nós, porém tão longe, porque não conseguimos vê-lo ou senti-lo com nossos sentidos – que nascem todos os nossos pensamentos e sentimentos, enfim, todas as nossas funções psíquicas, entre as quais aquelas que nos permitem *ver a coisa pronta*.

E é para ele, para esse *universo quântico*, que vamos juntos fazer uma viagem. Uma viagem fantástica. Todavia, para ir até esse mundo quase invisível por sua pequenez, embarcaremos em uma aeronave tão diminuta, mas tão pequenina, que poderemos mergulhar nas profundezas de nosso organismo, no interior de nossas células, de nossas moléculas e de nossos átomos. No plano dessa viagem, você foi o destino escolhido, e, por isso, navegaremos em você mesmo. A seguir, o diário de bordo.

Estamos nos aproximando de sua cabeça. Atravessamos o crânio, entramos no cérebro e avistamos o tecido nervoso. Descemos mais e reconhecemos o corpo celular de um dos neurônios logo à nossa frente. Aumentamos a velocidade para vencer as correntes do fluxo e refluxo de substâncias químicas que ocorrem na membrana porosa. Quando chegamos ao outro lado, mergulhamos no citoplasma repleto de organelas. Fazemos várias manobras para nos desviar delas e, de repente, visualizamos o núcleo. Manejamos os controles e iniciamos os preparativos para penetrá-lo na dupla membrana. Vencemos a primeira camada do envoltório nuclear, aquele em contato com o citoplasma, e atravessamos a segunda, banhada pelo gel da matriz nuclear. A velocidade da aeronave é diminuída pela viscosidade do ambiente. Aos nossos olhos, surge uma massa difusa, mas é possível discernir o nucléolo, o núcleo do núcleo.

Notamos que a visibilidade aumenta cada vez mais à medida que imergimos. Parece que há a preparação para uma divisão celular. Por nós, começam a passar milhares de cromossomos. Escolhemos um deles e entramos, para nos defrontar com uma molécula de DNA toda enrolada, como se fosse uma escada em espiral. Observamos que ela se constitui de pequenas partículas e as reconhecemos, de imediato, como seus genes. Em uma comparação um tanto apressada, é como se ela fosse um colar, e os genes, as contas. Estamos diante da famosa estrutura que compõe o manual de instruções para sua montagem como pessoa. Sua natureza está escrita nessas moléculas. Decidimos continuar nossa imersão e nos aprofundamos ainda mais nesse mundo submicroscópico.

Uma pessoa feliz torna-se mais suscetível de ser próspera; esse é o propósito de cada um de nós: sermos felizes e prósperos.

Ziguezagueamos entre as paredes das substâncias químicas que formam aquela imensa catedral da vida, até aterrissarmos na pista de cristais de uma pentose – tipo de açúcar que faz parte da construção, talvez para não deixar a própria vida tão amarga. Toda feita de carbono e fósforo, ela nos convida a prosseguir. Resolvemos entrar em um dos átomos que formam o açúcar e optamos pelo carbono.

Na camada mais superior desse átomo, quatro elétrons gravitam em tão alta velocidade que seus giros formam uma espécie de nuvem, não de órbita. Porém, nossa aeronave é dotada de um instrumento que permite sua travessia. Descendo em velocidade alucinante, encontramos outra nuvem formada dos rodopios de mais dois elétrons. Após passarmos por essa segunda barreira energética, entramos em um vácuo. Um vazio tão infinito que nos desconcertou. O átomo era vazio? Acostumando mais a vista, vemos um pontinho de luz em uma distância tão imensa que mais parece uma estrela pequeníssima e solitária no céu de um universo absolutamente desconhecido: o núcleo do átomo, com seus prótons e nêutrons.

Estávamos voando naquele infinito vácuo, aparentemente vazio, mas os instrumentos de nossa nave detectaram imensas quantidades de energia – campos eletromagnéticos e campos gravitacionais. Pelo para-brisa panorâmico de polivinil butiral, começamos a visualizar misteriosas partículas virtuais que desaparecem e reaparecem no vácuo quântico, como enxames de vaga-lumes em um ininterrupto pisca-pisca.

Continuamos nosso voo pelo universo subatômico, no qual as leis do nosso mundo não têm validade; estamos em um universo onde imperam as leis intrigantes da física quântica e tudo vibra, desde os elétrons até o abissal vácuo quântico. É aqui. Exatamente aqui nesse estranho universo no qual não existem bem definidos nem ontem nem amanhã, nem aqui nem acolá, nem em cima nem embaixo, mas apenas um emaranhado desse tudo regido pelas leis da probabilidade. Um lugar onde tudo é possível, até aquilo que consideramos impossível.

O colapso quântico das ondas cerebrais

Na física quântica[40] (ciência que estuda o universo da intimidade dos átomos e da energia) ocorre um fenômeno que, mais que *física*, parece mágica. Ele foi observado em um experimento laboratorial (conhecido como *dupla fenda*), quando se constatou que a luz podia se materializar, ou seja, virar uma partícula. Na realidade, a luz se

---

[40] A física quântica estuda os fenômenos que ocorrem no interior dos átomos, como as características dos elétrons e das ondas de energia eletromagnética emitidas por eles. Vejamos como exemplo o aquecimento de uma barra de ferro. À medida que a temperatura aumenta, o movimento dos elétrons dos átomos dessa barra acelera sua movimentação, e mais ondas são emitidas. Outro exemplo é o ato de pensar, quando ondas cerebrais (eletromagnéticas) são emitidas a partir de reações químicas ocorridas no interior dos neurônios.

comporta em determinadas circunstâncias como sendo feita de ondas de energia e, em outras, como sendo feita de partículas (matéria) chamadas *fótons*. Quando esse evento se realiza, os observadores dizem que houve um **colapso**[41] da onda. Esse fenômeno de uma onda de energia que se transforma em matéria (uma partícula) é um dos mais intrigantes acontecimentos da física quântica. Por causa dele, vou tomar emprestado o termo *colapsar* e inseri-lo no processo de *ver a coisa pronta*, para significar que a expectativa deixou a condição de onda cerebral (de pensamento, de ideia) para surgir, em nossa realidade, em forma de uma coisa materializada, pronta, ou seja, colapsada.

Durante nossas reflexões, constatamos que os sentimentos negativos podem ser substituídos por sentimentos positivos, para nos inundar de felicidade, reacendendo o propósito de sermos felizes e prósperos como seres humanos, porque a natureza nos dotou de um cérebro capaz de realizar a magia da *neuroplasticidade*; um propósito que nos é congênito, embora nos esqueçamos dele ao longo do desenvolvimento como seres humanos. Também constatamos que somos capazes de mudar a mente e o próprio cérebro por meio do *processo de*

---

[41] Um dos fenômenos da física quântica que mais surpreende os estudiosos é quando uma onda de energia se transforma em partícula, isto é, vira matéria. Quando isso ocorre, diz-se que a onda *colapsou*.

ressignificação de sentimentos negativos, para mudar o próprio destino; e, ainda, que, se aprendermos a *expressar os sentimentos positivos* e tornarmos esse aprendizado um hábito, seremos dotados do poder de *ver a coisa pronta* e de *colapsar* nossas expectativas.

Somos regidos por sentimentos e, portanto, por energia, então estamos à mercê de seus fenômenos, cujas causas estão, por vezes, além de nossos conhecimentos. Como exemplo, tecerei breves considerações sobre um desses fenômenos, que até poderia estar presente na mesma galeria que expõe o de *ver a coisa pronta*.

Os mistérios da sincronicidade

É muito provável que você tenha vivenciado um momento no qual pensava em alguém e o celular tocou, com a ligação desse alguém; em que tenha sonhado com flores e logo pela manhã recebeu um buquê enviado de presente; em que tenha estado em outra cidade andando pela rua e encontrado um amigo no qual estava pensando naquele instante ou nele pensara recentemente. É muito provável que você ou alguém próximo tenha passado por uma situação em que o despertador não tocou, ou sentiu um mal-estar repentino, fazendo-o perder a hora do voo cujo avião acabou por cair; é muito provável que esteve em meio a uma circunstância difícil na vida e ouviu uma frase ou assistiu a um filme e, de repente, tudo mudou de perspectiva; é muito provável que a leitura de um livro o ajudou a sair da dificuldade em que estava ou o preparou para situações futuras semelhantes. Eu mesmo vivenciei um desses episódios.

 Há alguns anos, estava em uma livraria em São Paulo e observava imensos cestos de livros dispersos pelo salão, com os volumes amontoados em seu interior, em uma exposição promocional. Despretensiosa e aleatoriamente, peguei o exemplar de um livro pequeno perdido em uma das pilhas caóticas. Tomei-o nas mãos e o folheei. Tinha pouco mais de 150 páginas, com a capa mostrando um sol azul eclipsado e o título *O poder oculto*. O autor, Thomas Troward, fora um pensador britânico que vivera uns tempos na Índia, eu soube bem depois. Não o li de imediato. Anos após aquela minha passagem por São Paulo, decidi que escreveria um livro. Quando eu o estava elaborando, notei que os ensinamentos de Troward fluíam naturalmente ao longo do texto, como um fio condutor, uma vez que *Eu sou, eu posso!* contava minha história alicerçada na ciência e na filosofia milenar que ele propagou tão bem em sua obra. Além disso, absorvi daquele pequeno livro azul que suas ideias estavam sendo úteis na minha atividade de empresário, porque me serviam como fundamento para o meu desenvolvimento e minha autoconfiança na realização dos projetos. E, hoje, ao escrever este livro sobre nossos sentimentos, Troward continua vivendo em minhas reflexões, pois, como dizia, "os pensamentos ditam a realidade de nossas vidas, estejamos sabendo ou não disso. Se realmente queremos alguma coisa e realmente acreditamos que é possível, então conseguimos".

Encontrar aquele livro nas circunstâncias que relatei, e depois ele ter sido tão fundamental para minha vida futura, teria sido obra do destino? Ou sorte? *Não*. O psiquiatra suíço Carl Gustav Jung (1875-1961)[42] negaria isso e ainda ensinaria *que o episódio fora, na realidade, um fenômeno psíquico e físico. Nem o encontro com o livro nem a consequência de sua leitura,* diria ele, *são a causa do outro; não existe qualquer conexão causal entre os dois eventos, mas, de alguma maneira, estão interconectados.* Jung definiu como *coincidência significativa* ou *sincronicidade* essa ligação entre eles, que não se vê, apesar de presente; essa força invisível para todos, feito a força da gravidade; essa força do universo que atua para unir pontas aparentemente soltas na vida, e que, quando unidas, são vistas como casualidades.[XXXVII]

Todavia, essa união das pontas nunca possui causa aparente ou é indeterminável uma causa lógica. Com base em seus estudos, Jung concluiu que muitos desses eventos que entendemos se tratar de coincidência banal são, na realidade, o resultado de uma conexão mental muito mais extensa. Em razão disso, compartilhou intensamente suas pesquisas com o físico austríaco

---

[42] Jung desenvolveu o conceito de sincronicidade.

Wolfgang Ernst Pauli (1900-1958),[43] um dos principais precursores no estudo da física quântica. Em dias atuais, o fenômeno da *sincronicidade* demonstra ter conexões entre os conhecimentos da física quântica e da psicologia analítica.[XXXVIII, XXXIX]

Com essas reflexões, quero expressar que não terá sido mera coincidência ou acaso você estar com este livro em mãos.

---

[43] Físico austríaco, pioneiro no desenvolvimento da mecânica quântica e autor da teoria do *spin* do elétron.

O mero desejo não é suficiente para materializar uma expectativa. São as atitudes e os sentimentos positivos e proativos, como os mencionados, que fundamentam todo o processo de viabilizar a habilidade de *ver a coisa pronta* na mente e depois vê-la funcionando no mundo real.

BREVES PALAVRAS A VOCÊ, MEU PREZADO LEITOR E LEITORA

Como bem sabe você pela leitura que fez das minhas reflexões acerca dos sentimentos que me angustiavam desde a infância, como os de *rejeição*, *não pertencimento* e *impotência*, com presença mais recorrente deste último, vivi momentos de inquietude. Durante quase toda a minha vida busquei desesperadamente as razões daquele sofrimento tão cruciante e um modo de acabar com ele. Não entendia por que aquele sentimento de culpa, que me acompanhava como sombra por eu não ter conseguido proteger minha mãe, ainda me invadia com tamanha crueldade, se tudo ficara no passado e não podia voltar mais. Não compreendia por que aquele *sentimento de impotência* teimava em martirizar minha mente em visitas indesejáveis, deixando-me paralisado com uma ansiedade sem fim. Às vezes, me vem uma convicção de que eu não teria vencido as adversidades da vida e chegado incólume até aqui se, além dos sentimentos negativos que citei, eu também fosse possuído pelo *sentimento do egoísmo*. Mas não fui. Aquele menino da infância, que me pegou pelas mãos e me trouxe até aqui, apesar dos martírios, era uma criança generosa, gentil e de fé congênita. Sua alegria inata o dotou de uma força de vontade que o fez superar seus dramas, por isso foi amado e querido por todos que dele se aproximavam. E ele não sabia que aquelas virtudes retornariam para ele em forma de oportunidades, tornando-o um adulto feliz e próspero.

Entretanto, como confessei, minha mente vulnerável tornou-se hospedeira perfeita para sentimentos negativos. Até há uns poucos anos, ainda sofria horrores com a presença daquele desassossego. Aquelas insuportáveis sensações surgiam de repente, sem aviso, estivesse eu sozinho ou prestes a me comunicar com as pessoas. Eu conseguia escondê-las de todos, mas não de mim mesmo. A ansiedade chegava como uma avalanche de sintomas: falta de ar, transpiração excessiva, tensão muscular, arritmia.

Em meu íntimo, sentia-me completamente frustrado por não saber como parar aquela agonia e não saber a razão pela qual eu me asfixiava com aquele sentimento de impotência que parecia apertar minha cabeça como um torniquete invisível. Angustiadamente, eu não sabia. Meu desejo era arrancá-lo, a qualquer custo, de minha mente; queria puxá-lo do esconderijo da invisibilidade, embora o sentisse tão palpável quando afetava, de maneira direta, o metabolismo do meu corpo. Apesar das torturas, consegui sobreviver àquele turbilhão mental e suportei as provações, até o limite dos meus limites. Então, resolutamente, comecei a procurar uma saída do poço profundo em que estava aprisionado.

BREVES PALAVRAS A VOCÊ, MEU PREZADO LEITOR E LEITORA ◆ 175

Para finalizar, gostaria de rememorar algumas passagens da minha saga, contidas nas reflexões que lhe confiei. Por intermédio delas, você acompanhou as etapas do meu resgate do poço abissal usando as polias da Abordagem Direta do Inconsciente (ADI) e de outras formas terapêuticas, dentre elas a meditação por meio da técnica da Kriya Yoga; um universo no qual mergulhei e conheci a paz que ansiava por encontrar. Tanto que nessa submersão às profundezas do meu interior, a bordo dessa Yoga, ocorreu um emaranhamento de natureza indissolúvel da minha consciência com a Consciência Universal. E foi o aporte dessa energia fundamental e imprescindível que me fez dar o meu salto quântico rumo à libertação psíquica, pois somente então vislumbrei os caminhos os quais me levaram a absorver conhecimentos da neurociência, da psicologia, da física quântica e até dos registros das milenares filosofias orientais. Com eles descobri alguns segredos sobre esse milagre orgânico – o cérebro – que faz as vezes de computador central de nosso corpo, feito de células e fibras nervosas. Tão frágil na aparência, com 1,5 quilo, que representa apenas 2% da massa corporal, mas tão poderoso a ponto de exigir mais de 20% do oxigênio consumido por nós para comandar nossas funções orgânicas e psíquicas. Segredos que sempre estiveram resguardados de mim e muito serviriam aos meus propósitos.

O cérebro não é um órgão multitarefa

Eu não sabia, mas soube, por exemplo, que o cérebro, apesar de ser um potente computador orgânico, é incapaz de realizar duas ações ao mesmo tempo; ele é capaz de realizar uma tarefa por vez, embora o faça com muita competência. Em conluio com minha mente inconsciente, trazia-me do passado os pensamentos e sentimentos negativos, e, focado nessa única tarefa (de acordo com sua natureza), tornava minha vida um torvelinho de dor psíquica. Aliás, como você já sabe, esse mesmo artifício de usar apenas uma informação de cada vez eu direcionaria contra ele para anular seu código e me livrar da recorrência de seus ataques.

As duas mentes da mente

Nossa mente é constituída de duas mentes: a *consciente* e a *inconsciente*. O cérebro nos faz acionar a *mente consciente* quando os sentidos estão todos em estado de alerta no tempo presente, no agora tangível. É por isso que temos a consciência, por exemplo: de tocar uma flor e sentir o aroma que ela exala; de ouvir o marulhar do mar ou o canto de um pássaro; de ver as cores do céu do amanhecer ou do anoitecer; de sentir o sabor dos alimentos.

Do mesmo modo, com essas aptidões bioquímicas, ele também aciona a *mente inconsciente*, a qual não vivencia o presente, mas vive escarafunchando o passado que não existe mais (ou desenhando um futuro que ainda não aconteceu). E eu jamais percebera, nem sequer me dera conta, de que o presente era um lugar que eu pouco frequentava. Estava sempre no passado, pois os gatilhos para as recorrências de meus sentimentos negativos não paravam nunca de ser acionados por minha mente inconsciente.

Diferentemente do que me ocorrera na maior parte de minha existência, hoje vivo quase sempre no presente, no agora, vivendo esse universo singular, dia após dia, com o poder de todos os meus sentidos. Gosto de dizer um adágio que incorpora esse meu estado de espírito e vou repeti-lo: *a consciência observa, a mente pensa e o corpo sente.*

Os pensamentos e suas ondas eletromagnéticas

Eu não sabia – e só soube durante minhas andanças pelas trilhas da física quântica – que todos somos uma concentração de energia em estado permanente de vibração. Todos os nossos átomos estão vibrando incessantemente, como você constatou em nossa viagem fantástica ao cerne de um neurônio. Nossos pensamentos e sentimentos são ondas de energia eletromagnética emitidas a todo instante e transportadas por amplitudes com diferentes intensidades, a depender da qualidade das respectivas funções psíquicas (pensamentos e sentimentos). Detentor desse conhecimento, hoje eu o utilizo para expandir minha consciência e alimentar a amplitude de suas ondas, cocriando meus objetivos pessoais e empresariais.

Os sentimentos e seus hormônios

Eu não sabia, mas meus sentimentos negativos recorrentes (a exemplo da impotência), aflorados por minha mente inconsciente, eram a senha para que o cérebro ordenasse a produção dos hormônios (neurotransmissores) *adrenalina* e *cortisol*, de modo a inundar meu corpo. Aqueles sentimentos eram recorrentes, por isso a permanência desses hormônios se tornava crônica em meu organismo, tornando-o tóxico. Então, em consequência disso, advinham os sintomas (já referidos) de falta de ar, transpiração excessiva, tensão muscular, arritmia, que me deixavam paralisado e atormentado. Somente depois que encontrei o antídoto contra aqueles sentimentos e me habituei a expressar sentimentos positivos foi que meu cérebro mudou de opinião e, em vez de determinar a produção dos hormônios nocivos, começou a ordenar a produção de *dopamina*, *endorfina*, *ocitocina* e *serotonina*, o *quarteto da felicidade*, que me deixa em estado de bem-estar e felicidade.

O cérebro não sabe distinguir entre realidade e imaginação

Eu não sabia, mas a neurociência me revelou outro segredo que meu cérebro escondia: ele não sabe a diferença entre imaginação e realidade. Eu vivia em um sofrimento sem fim porque passava todo tempo remoendo o passado (que já era irreal), imaginando coisas que não existiam. Para meu cérebro, tudo aquilo que remoinhava em minha mente era absolutamente real, e ele agia como se aquelas lembranças estivessem acontecendo naquele instante, no presente. E aquelas sensações surgiam de repente, e nessa fugacidade eu retornava e revivia o passado, construindo angústias desnecessárias. Felizmente, esses acontecimentos não ocorrem mais, pois eventuais recorrências não mais me afetam, uma vez que estou ancorado, com firmeza, no porto seguro do presente, com pleno uso da mente consciente, vivendo a realidade. Graças ao antídoto sobre o qual rememorarei em breve.

O cérebro é plástico

Eu não sabia, e fiquei feliz em saber, também por intermédio da neurociência, mais um segredo que o cérebro me escondia: ele é plástico. Fiquei feliz porque essa habilidade cerebral seria um instrumento perfeito a ser utilizado no *processo de ressignificação* dos meus sentimentos negativos, como você soube durante minhas reflexões.

Quando criança e adolescente, meu cérebro em formação absorvia, feito esponja, todas as informações que me chegavam do mundo, incluindo aquelas que deram origem aos sentimentos de rejeição, de não pertencimento, de impotência, de culpa, de medo, de baixa autoestima. Quantas vezes, ao ficar diante do espelho, eu me perguntava: como esses sentimentos ficam tão impregnados em minha cabeça, sem dar sinais de querem sair? Será que meu cérebro um dia vai expulsá-los? Sim, iria. A qualidade do cérebro de ser plástico faria o serviço de limpeza.

Ao sentir a angústia do sentimento de impotência, por exemplo, meu cérebro moldava um ajuntamento de células nervosas, conhecido por conexão neural, correspondente a esse sentimento. Era como se o sentimento se solidificasse em forma de teia de células nervosas e ficasse ali, em um canto do cérebro, para ser ativado sempre que um gatilho fosse disparado e eu sentisse a impotência tomar conta da minha mente. Mas descobri também que meu cérebro podia desmanchar aquela conexão e construir outra no lugar, correspondente a um novo pensamento ou sentimento que surgisse e fosse repetitivo. Ele não sabia diferenciar um do outro, nem tampouco lidar com os dois ao mesmo tempo. Era um de cada vez. E vencia sua predileção aquele que se apresentasse, muito provável, com mais energia. A esse fenômeno de maleabilidade deu-se o nome de *neuroplasticidade do cérebro*, que se tornou meu aliado na luta contra os ataques de todos os meus sentimentos negativos.

Mantra, anticódigo da *ressignificação*

E foi embasado nesse conhecimento que criei o mantra *Eu sou, eu posso!*, repetido a cada investida do sentimento negativo. Na realidade, era um anticódigo ao código do cérebro para fazer minha mente inconsciente ficar se insurgindo contra mim. Acionando-o com resiliência, fé e muita força de vontade, o sentimento de impotência foi desaparecendo de minha mente. E essa substituição de sentimentos, graças ao anticódigo, fiquei conhecendo como *ressignificação*.

Desde quando tive toda compreensão do funcionamento dessas engrenagens mentais, ficou muito mais fácil para mim a prática da *ressignificação de sentimentos negativos*. Assim como ficará para você e para todos que queiram (ou precisem) exercitá-la.

A metáfora da cabeça, do coração e das mãos

Durante o tempo em que me dediquei a descobrir uma maneira de conseguir me libertar dos meus sofrimentos psíquicos, guardei uma metáfora que, para mim, representa os nichos de nossas funções psíquicas: a *cabeça*, o *coração* e as *mãos*. Na *cabeça* estaria a fonte dos pensamentos, da capacidade de observar o universo e dos gatilhos que desencadeiam as memórias; do *coração* emanariam nossas emoções e sentimentos; e das *mãos* nasceria a habilidade de tecer nossas atitudes e hábitos.

    Bem, meu prezado leitor, espero que a leitura das minhas reflexões tenha lhe trazido um pouco mais de conhecimento sobre os sentimentos que regem nossa condição humana.

Quero expressar que não terá sido mera coincidência ou acaso você estar com este livro em mãos.

Notas

Capítulo 1

I BAUMEISTER, R. F.; LEARY, M. R. The need to belong: desire for interpersonal attachments as a fundamental human motivation. **Psychological bulletin**, v. 117, n. 3, p. 497-529, 1995.

II CACIOPPO, J. T.; HAWKLEY, L. C.; THISTED, R. A. Perceived social isolation makes me sad: 5-year cross-lagged analyses of loneliness and depressive symptomatology in the Chicago Health, Aging, and Social Relations Study. **Psychol Aging**, v. 25, n. 2, p. 453-463, 2010.

III CORNWELL, E. Y.; WAITE, L. J. Social disconnectedness, perceived isolation, and health among older adults. **Journal of Health and Social Behavior**, v. 50, n. 1, p. 31-48, 2009.

Capítulo 2

IV EISENBERGER, N. I.; LIEBERMAN, M. D.; WILLIAMS, K. D. Does rejection hurt? An fMRI study of social exclusion. **Science**, v. 302, n. 5643, p. 290-292, 2003.

V ONODA, K. et al. Decreased ventral anterior cingulate cortex activity is associated with reduced social pain during emotional support. **Social Neuroscience**, v. 4, n. 5, p. 443-454, 2009.

VI MORAIS, R. J. **As chaves do inconsciente**. Petrópolis: Vozes, 2000.

VII ELLIS, A. **How to stubbornly refuse to make yourself miserable about anything** – yes, anything! São Paulo: Citadel, 2016.

Capítulo 2

VIII KYLMÄ, J.; JULKUNEN-VEHVILÄINEN, K.; LÄHDEVIRTA, J. Dynamically fluctuating hope, despair and hopelessness along the HIV/AIDS continuum as described by caregivers in voluntary organizations in Finland. **Issues Ment Health Nurs**, v. 22, n. 4, p. 353-377, 2001.

IX HUNZIKER, M. H. L. Um olhar crítico sobre o estudo do desamparo aprendido. **Estudos de Psicologia**, v. 14, n. 3, p. 17-23, 1997.

X	DREW, B. L. Differentiation of hopelessness, helplessness, and powerlessness using Erik Erikson's Roots of Virtue. **Arch Psychiatr Nurs**, v. 4, n. 5, p. 332-337, 1990.
XI	DUFFAU, H. Brain plasticity: from pathophysiological mechanisms to therapeutic applications. **Journal of Clinical Neuroscience**, v. 13, n. 9, p. 885-897, 2006.
XII	CREUTXFELDT, O. D.; WATANABE, S.; LUZ, H. D. Relations betwenn EEG phenomena and potentials of single cortical cells: evoked responses after thalamic and epicortical stimulation. **Electroencephalography and Clinical Neurophysiology**, v. 20, n. 1, p. 1-18, 1966.

Capítulo 3

XIII	DAWKINS, R. **O gene egoísta**. São Paulo: Companhia das Letras, 2007.
XIV	MORAIS, R. J. **As chaves do inconsciente**. Petrópolis: Vozes, 2000.
XV	TENNEY, F. The status of actors at Rome. **Classical Philology**, v. 26, n. 1, p. 11-20, 1931.
XVI	FROMM, E. **Ter ou ser?** Rio de Janeiro: Guanabara Koogan, 1987.
XVII	AS LEIS da doença mental e emocional (definição, origem, manifestação, prognóstico e cura). Transcrições do Journal of Mental Health Número Dois. [s.l.] **Neurotics Anonymous International Liaison**, INC, 1969.

Capítulo 4

XVIII	JAMES, W. **Talks to teachers on psychology and to students on some of life's ideals**. Nova York: Henry Holt & Co., 1899.
XIX	JAMES, W. **Habit**. Reprinted from the principles of psychology. Nova York: Henry Holt & Co., 1914.
XX	DUHIGG, C. **O poder do hábito:** por que fazemos o que fazemos na vida e nos negócios. Rio de Janeiro: Objetiva, 2012. p. 79.
XXI	TAVARES, J. A resiliência na sociedade emergente. In: Tavares, J. (org.). **Resiliência e educação**. São Paulo: Cortez, 2001. p. 43-76.
XXII	FRAGA, M. F. et al. Epigenetic differences arise during the lifetime of monozygotic twins. **Proceedings of the National Academy of Sciences of the United States of America**, v. 102, n. 30, p. 10604-10609, 2005.

Capítulo 5

XXIII   HẠNH, T. N. **Vivendo Buda, vivendo Cristo.** Rio de Janeiro: Rocco, 1997.

XXIV   OLMOS, A. Empatia: algumas reflexões. Programa Escolas Transformadoras. **A importância da empatia na Educação**, 2016.

XXV   SILVA, A. B. B. **Mentes perigosas – o psicopata mora ao lado**. São Paulo: Fontanar, 2008. p. 15.

XXVI   BROWN, B. **A arte da imperfeição:** abandone a pessoa que você acha que deve ser e seja você mesmo. Ribeirão Preto: Novo Conceito, 2012. p. 30.

XXVII   DALAI LAMA. **Nas minhas palavras.** São Paulo: Fontanar, 2010.

Capítulo 6

XXVIII   FREITAS, L. B. L.; PIETA, M. A. M.; TUDGE, J. R. H. Beyond politeness: the expression. of gratitude in children and adolescents. **Psicologia: Reflexão e Crítica**, v. 21, n. 2, p. 757-764. Porto Alegre, 2011.

XXIX   FROH, J. J.; YURKEWICZ, C.; KASHDAN, T. B. Gratitude and subjective well-being in early adolescence: examining gender differences. **Journal of Adolescence**, v. 39, n. 3, p. 633-650, 2009.

XXX   PERT, C. **Molecules of emotion**: the science behind mind-body medicine. Nova York: Scribner, 1997.

XXXI   BREUNING, L. G. **Los hábitos de un cerebro feliz.** Barcelona: Ediciones Obelisco, 2017.

Capítulo 7

XXXII   ROSENTHAL, R.; JACOBSON, L. **Pygmalion in the classroom**. Nova York: Rinehart & Winston, 1968.

XXXIII   LIVINGSTON, J. S. Pygmalion in management. **Harvard Business Review Classics**, jan. 2003.

XXXIV   FRANKL, E. V. **Em busca de sentido**: um psicólogo no campo de concentração. Petrópolis: Vozes, 1991. p. 93.

XXXV   MELO, B. R. P. **Identificação de estados emocionais complexos com base em ressonância magnética e eletroencefalograma:** uma abordagem com cenário de realidade virtual. Rio de Janeiro: UFRJ/COPPE, 2018.

XXXVI LOSIER, M. J. **A lei da atração.** São Paulo: Leya, 2017.
XXXVII JUNG, C. G. **Sincronicidade**: um princípio de conexões acausais. 13. ed. Petrópolis: Vozes, 2005.
XXXVIII JUNG, C. G.; Pauli, W. **The interpretation of nature and psyche.** Nova York: Pantheon, 2012.
XXXIX ROCHA FILHO, J. B. **Física e psicologia**: as fronteiras do conhecimento científico/aproximando a física e a psicologia junguiana. 5. ed. Porto Alegre: Pontifícia Universidade Católica do Rio Grande do Sul, 2014.

Este livro foi impresso pela gráfica Edições Loyola,
em papel pólen 70 g em julho de 2022.